名师名校名校长

凝聚名师共识
回应名师关怀
打造名师品牌
培育名师群体

# 创美艺术
## 在幼儿教育中的魅力

中班案例集

任静◎著

陕西师范大学出版总社　西安

图书代号　JY24N2526

图书在版编目（CIP）数据

创美艺术在幼儿教育中的魅力 ： 中班案例集 ／ 任静
著. -- 西安 ： 陕西师范大学出版总社有限公司，2024.
12. -- ISBN 978-7-5695-5241-6

Ⅰ. G613

中国国家版本馆CIP数据核字第20242B0G01号

创美艺术在幼儿教育中的魅力：中班案例集
CHUANGMEI YISHU ZAI YOU'ER JIAOYU ZHONG DE MEILI：ZHONGBAN ANLI JI

任　静　著

| | |
|---|---|
| 出 版 人 | 刘东风 |
| 出版统筹 | 杨　沁 |
| 特约编辑 | 李东震 |
| 责任编辑 | 于立平 |
| 责任校对 | 王　越 |
| 封面设计 | 言之凿 |
| 出版发行 | 陕西师范大学出版总社 |
| | （西安市长安南路199号　　　邮编 710062） |
| 网　　址 | http://www.snupg.com |
| 印　　刷 | 北京政采印刷服务有限公司 |
| 开　　本 | 710 mm×1000 mm　　1/16 |
| 印　　张 | 16.5 |
| 字　　数 | 287千 |
| 版　　次 | 2024年12月第1版 |
| 印　　次 | 2024年12月第1次印刷 |
| 书　　号 | ISBN 978-7-5695-5241-6 |
| 定　　价 | 58.00元 |

# 目 录

## 黏土活动设计

## 创意美术活动设计

# 中国画活动设计

# 剪纸活动设计

# 泥塑活动设计

## 水粉活动设计

## 撕贴活动设计

# 油画棒活动设计

# 黏 土

## 活 动 设 计

# "小白兔" 活动设计

## 一、设计意图

黏土活动是众多美术活动之一，可以充分地锻炼幼儿的动手能力，提高幼儿的手部灵活性，还可以锻炼幼儿的洞察力、想象力、创造力。小兔子形象可爱，幼儿非常喜欢，所以我们开展了用黏土制作小兔子的手工活动。

## 二、活动目标

1. 结合生活经验和图片认识小兔子的造型。
2. 通过搓、团、捏、揉等手部操作发展幼儿手部肌肉的协调性与动手能力。
3. 喜欢参与黏土活动，感受用黏土做兔子的乐趣。

## 三、活动准备

各色黏土、小工具、小兔子课件。

## 四、活动过程

**（一）观看小兔子课件，了解小兔子的身体结构**
教师：小兔子的耳朵、头部、身体分别是什么样子的？
**（二）教师交代要求，幼儿创作**
1. 引导幼儿说说自己喜欢什么样子的兔子。
2. 教师讲述制作的要求：耳朵长长的，五官要完整，创意表现兔子的表情。
3. 教师巡视并指导幼儿制作。
**（三）展示、评价作品**
1. 幼儿相互交流作品。
2. 教师鼓励幼儿介绍自己的作品，大胆讲述自己的作品，教师适当小结。

# "冰激凌"活动设计

## 一、设计意图

一提起冰激凌，孩子们垂涎欲滴，对甜甜的奶油无法抗拒。用黏土制作的冰激凌，颜色亮丽多彩，质地轻软，孩子们非常喜爱，因此设计了本活动。

## 二、活动目标

1. 了解冰激凌的组成部分。

2. 能够自己创作不一样的甜筒冰激凌。

3. 通过动手制作，体验创作黏土作品的乐趣。

## 三、活动准备

各色黏土、冰激凌课件、工具刀。

## 四、活动过程

**（一）谈话导入，激发兴趣**

教师：当天气热了的时候，你们会吃什么东西降温呢？你们见过的冰激凌都是怎样的呢？

**（二）请幼儿观看课件，了解不同种类冰激凌的特点**

教师：冰激凌的奶油是什么样子的？奶油上可以添加不同的东西，变成不同口味的冰激凌。

1. 教师讲解制作冰激凌的技巧。

教师：先做筒身，再制作奶油，最后在奶油上添加喜欢的东西。

2. 幼儿制作，教师巡回指导，帮助个别有困难的幼儿。

**（三）展示作品，鼓励幼儿对作品进行自评、他评**

教师：你最喜欢哪个冰激凌？为什么？（要求幼儿讲出自己的想法和做法）

# "蜗牛"活动设计

## 一、设计意图

中班幼儿年龄小，手部肌肉尚未发育完善，手眼不能协调一致。黏土教学活动不仅能使幼儿掌握一些简单的塑造物体形象的方法和技能，还能增强幼儿手部的协调性、灵活性，促进其智力发展。于是，我们结合中班孩子喜爱动物的特点，设计了本活动。

## 二、活动目标

1. 了解利用超轻黏土泥条制作蜗牛壳的过程。
2. 能依据已有经验创作形态各异的蜗牛。
3. 体验用黏土制作蜗牛的乐趣。

## 三、活动准备

超轻黏土、小工具、蜗牛课件。

## 四、活动过程

**（一）幼儿猜谜语，导入活动**

教师：没有脚，没有手，背上房子到处走，有谁把它碰一碰，赶紧躲进房里头。这是什么动物呀？

**（二）欣赏蜗牛课件，了解蜗牛的外形特征**

教师：老师也收集了很多蜗牛的图片，我们一起来欣赏一下，看看蜗牛的身体结构。蜗牛的头上有什么？蜗牛的背上有什么？

教师示范讲解用泥条盘绕的方法制作蜗牛。

教师：利用泥条法将黏土搓成泥条，然后从一端卷起来做蜗牛壳，加上蜗牛的身体、触角即可。

教师交代要求，幼儿创作，教师巡回指导。

启发幼儿用手捏的方法表现不同姿态的蜗牛。

教师：请你用黏土尝试制作不同姿态的蜗牛。

**（三）展示、评价作品，结束活动**

教师：大家一起来看一看，说一说，你喜欢哪位小朋友制作的蜗牛，为什么。

# "酷酷螃蟹哥"活动设计

## 一、设计意图

螃蟹在我们的日常生活中作为一种比较有趣的动物，很受幼儿的欢迎，我们把螃蟹作为课程主题，让幼儿自己动手制作螃蟹，鼓励幼儿大胆创作，培养幼儿的艺术素养。

## 二、活动目标

1.学习用黏土团圆、剪扇形做蟹钳等方法做出螃蟹的基本形状。

2.体会创作过程中的快乐和成功的喜悦。

## 三、活动准备

多媒体课件、黏土、剪刀、垫板人手一份。

## 四、活动过程

**（一）做"螃蟹"的手指游戏，激发幼儿兴趣**

教师：螃蟹一呀，角八个呀，两头尖呀，这么大个呀，眼一眯呀，脖一缩呀，爬呀爬呀过河去了。

**（二）观看课件，请幼儿观察螃蟹的身体结构**

教师：螃蟹的身体是什么形状的？有几只腿？几个大钳子？眼睛在哪里？

1.师幼讨论制作螃蟹钳子的方法。

教师：团一个小圆，用剪刀剪掉一个大嘴巴，一个小蟹钳就做好了。

2.幼儿制作，教师巡回指导，对个别幼儿进行指导。

（三）展示幼儿作品，教师与幼儿共同欣赏

教师：我们把螃蟹送到小河（布置小河背景盒）里，看谁的螃蟹最神气！

# "仙人球"活动设计

## 一、设计意图

仙人球生活在干燥炎热的沙漠里，最喜欢的就是热辣的太阳，浑身的刺是它们的盔甲，抵御着敌人的骚扰。此次黏土活动"仙人球"就是让小朋友用黏土还有自己的小手进行想象装饰。

## 二、活动目标

1. 掌握用超轻黏土团圆、捏、黏等技法制作仙人球和花盆的方法。
2. 能根据不同仙人球形态搭配不同花盆。
3. 喜欢参与黏土制作活动。

## 三、活动准备

课件、超轻黏土、工具刀。

## 四、活动过程

（一）激发幼儿兴趣，导入活动

仙人球四季常青，形状奇特，具有观赏价值；它的生命力极强，能够适应恶劣的环境，在沙漠里生长，因而深受人们的喜爱。你见过这种植物吗？下面我们用黏土做一个仙人球吧！

（二）观察仙人球，说说它的形状和结构特点

教师：仙人球的身体长什么样子？身上有什么？

1. 幼儿学习捏仙人球的技法。

介绍方法：

搓球，先将一块黏土搓成球形，用工具刀在球上画出弧线。

在球上扎出小洞洞，并用牙签将几个大小不同的仙人球插接在一起。

2.幼儿讨论、交流自己想做的造型并操作。

教师：你准备怎么做？你还能做哪些有趣的造型呢？跟你的好朋友说一说。（幼儿充分想象，大胆制作。）

3.教师巡回指导，及时捕捉幼儿有创意的想法与制作，并用照相机将作品拍下来。

**（三）展示作品，欣赏、评价**

（略）

# "漂亮的花儿"活动设计

## 一、设计意图

本次活动从幼儿最熟悉、最常见的植物中提取教学内容，以花为题材，让幼儿在创作中了解花的组成部分。

## 二、活动目标

1.在欣赏的基础上，能用黏土大胆想象，设计并制作出各种形态的花朵。

2.综合运用搓、团、压、拉等技能，拼出花、茎、叶。

3.乐意在探索过程中努力地思考，勇敢克服困难。

## 三、活动准备

各色泥塑材料、泥工板。

## 四、活动过程

### （一）欣赏黏土作品：彩色的花

教师：看一看，这些花多漂亮呀！你知道它们是用什么做出来的吗？

教师：它们是什么样子的？由哪些部分组成呢？

教师：仔细看一看，这些花都是一样的吗？它们有什么不同的地方？

小结：每一朵花通常由花茎、叶子和花朵组成，但是每一朵花又有它不同的地方：有的花茎是直的；有的叶子是尖的，有的是圆的，有的是大的，有的是小的；花瓣也不一样，有的有4片，有的有5片，还有的更多，有的是圆形的，有的是长形的。它们各不相同，但都非常的美丽。

**（二）示范制作彩色的花**

教师：那这个泥塑花要怎么做呢？

原来这个泥塑花是这样做的，先用绿色的泥搓一根花茎和几片叶子，然后用其他颜色的泥揉一个小圆球，把小圆球在泥工板上压平做花瓣，再把压好的花瓣拼摆成美丽的花朵。

幼儿自主制作彩色的花，教师个别指导。

教师：你们想不想自己用黏土做美丽的花？一起来试试吧！请大家拿好黏土和泥工板，自己来做做，你喜欢什么花就做什么花，不会的地方可以轻轻地问老师，看看谁做的花最美丽。

**（三）展示作品，交流评价**

教师：大家都把花做出来了，现在我们来看看，说说你最喜欢哪一朵，为什么。

# "生日蛋糕"活动设计

## 一、设计意图

《幼儿园教育指导纲要（试行）》指出，教育活动内容的选择要体现这一原则："既贴近幼儿的生活来选择幼儿感兴趣的事物和问题，又有助于拓展幼儿的经验和视野。"本次活动结合幼儿过生日，选择生活中常见的生日蛋糕作为教学内容。"生日蛋糕"这节课不仅为幼儿提供了自由表现艺术力的机会，而且使幼儿充分体验到了与同伴合作的快乐。

## 二、活动目标

1. 通过活动，认识各种蛋糕的外形，了解不同形状的组合变化。
2. 综合运用搓、团、压等技能来装饰蛋糕，锻炼幼儿的小肌肉。

3. 进行简单的合作, 发挥合作精神。

## 三、活动准备

橡皮泥、蛋糕图片。

## 四、活动过程

### (一)幼儿过生日, 激发幼儿做蛋糕的兴趣
教师: 小朋友们, 小熊要过生日啦。请小朋友帮他做一个蛋糕吧。

### (二)教师出示各种蛋糕的图片, 请幼儿观察蛋糕的外形及装饰
教师: 请小朋友们说一说自己想做一个什么样的蛋糕。

1. 教师讲解示范用揉、团、压的方法做蛋糕。

2. 幼儿与同伴合作, 做成多层蛋糕再做装饰。幼儿自己用搓、压、团的方法设计装饰蛋糕。

### (三)欣赏、评价幼儿作品
教师: 我们来问问小熊最喜欢谁做的蛋糕, 为什么。

# "菠萝"活动设计

## 一、设计意图

中班的幼儿已经对菠萝的形态特征有了深刻的认识, 同时幼儿又有团聚、延长、挤压的技巧, 所以我设计了本次活动。

## 二、活动目标

1. 掌握用超轻黏土制作菠萝的方法。

2. 幼儿学会菠萝的制作方法, 特别是菠萝表皮的肌理处理方法。

3. 感受生机盎然的水果世界, 培养幼儿多吃水果的意识。

## 三、活动准备

课件、超轻黏土。

## 四、活动过程

### （一）认知导入，观看课件，幼儿说说水果的名称

教师：你们知道什么是凤梨吗？凤梨就是菠萝，是生长在热带的一种水果，它香甜可口，而且外形也很独特。

### （二）观察与制作

1. 观察菠萝，说说菠萝与其他水果在外形上有什么区别。

2. 制作过程：

将黏土搓成椭圆形作为菠萝的身体。

做"叶子"：先将黏土搓成两头尖、中间粗的短条状，然后将其轻轻压扁卷曲成叶状，再将多片叶子旋转重叠粘接。

用工具刀切出菠萝身体表面的纹理。

3. 幼儿制作，教师巡回指导。

### （三）作品展示，欣赏评价

教师：跟你的好朋友说一说自己是怎么做的菠萝，请他看一看。

# "葡萄"活动设计

## 一、设计意图

秋天是收获的季节，许多水果都成熟了，有葡萄、苹果、鸭梨、山楂、橘子等。有许多小朋友特别喜欢吃葡萄，中班的幼儿又有团圆、搓条的基础，所以开展了此次活动。

## 二、活动目标

1. 欣赏葡萄的外形特征，学习观察的方法。
2. 运用橡皮泥制作葡萄，提高动手操作能力和审美能力。
3. 体验作品制作成功的喜悦。

## 三、活动准备

1. 红、绿、紫的葡萄，葡萄模型及图片。
2. 颜料、棉签、橡皮泥。

## 四、活动过程

### （一）激趣导入

有一种水果，是人人都喜欢的，长得很漂亮，也很可爱，它就是葡萄！葡萄有很多种，有大有小，有圆有椭圆，有绿色有黑色，有红色有紫色。

今天，我们就来学习怎样制作一串紫色的新疆吐鲁番葡萄！

### （二）出示葡萄图片和实物，观察葡萄

教师：小朋友们，今天我们去参观葡萄园。你们注意看看葡萄宝宝有什么不同的颜色、不同的形状，把你发现的秘密告诉身边的小朋友。

1. 让幼儿说说用橡皮泥制作葡萄的方法。

教师提问：如果要把葡萄的形状表现出来，你会使用什么方法呢？

请幼儿试一试。

2. 用黏土制作葡萄的方法。

用绿色黏土搓一个圆，压扁之后用小道具切成叶子形状。

用紫色黏土搓大小不一的几个圆，按照自己的喜好排列，粘在叶子形状上面。

用绿色黏土搓两大一小三个圆，小的搓成圆柱形作为葡萄梗粘在葡萄上，大的两个压扁捏成叶子形，分别粘在葡萄梗的两边，一串诱人的葡萄就完成了。

### （三）欣赏并评价学生作品

互相欣赏同伴制作的橡皮泥作品。

# "小鸡快跑" 活动设计

## 一、设计意图

动物是人类的朋友，它与我们的生活息息相关，紧密相连，孩子们特别喜欢影片《小鸡快跑》里的小鸡形象。本次活动就围绕制作小鸡展开，用超轻黏土体现小鸡可爱风趣的形象。

## 二、活动目标

1. 运用团圆、压扁、切割的方法制作小鸡。
2. 能制作姿态不同的小鸡。
3. 喜欢参与黏土活动，感受黏土带来的乐趣。

## 三、活动准备

课件、超轻黏土。

## 四、活动过程

**（一）出示《小鸡快跑》视频片段，激发幼儿兴趣**

教师：这是什么动物？它的身体由哪些部分组成？

**（二）出示图片进行观察**

1. 看一看小鸡由哪些部分组成，每一部分长什么样。

教师：小鸡头上有什么？身体是什么样子的？

2. 幼儿探索制作

教师：请小朋友们想一想自己想做成什么样的小鸡，怎样才能做得与众不同。

**（三）评价与欣赏**

教师：我们来看一看小朋友们做的小鸡，说说你喜欢哪只小鸡。

教师：把自己的小鸡放到展台上，让爸爸妈妈也看一看吧！

# "可爱小章鱼"活动设计

## 一、设计意图

孩子们对海洋生物很感兴趣，因为章鱼在日常生活中很少见，所以孩子们对章鱼很好奇。为了让孩子们了解章鱼的不同形态和生活环境，并用黏土进行制作，我设计了本次活动。

## 二、活动目标

1. 能够用搓圆、搓条的方法制作章鱼。
2. 能创造性地制作章鱼不同的形态。
3. 通过亲自动手制作，体验用黏土制作章鱼的乐趣。

## 三、活动准备

各色黏土、章鱼图片。

## 四、活动过程

**（一）谜语导入**

教师：今天老师要给大家介绍一个新朋友，它生长在海里，它的腿很多，还会喷墨。没错，它就是章鱼。

**（二）出示章鱼图片，观察章鱼形态**

1. 请小朋友说一说看到的章鱼是什么样子的。

2. 幼儿自由创作，教师巡回指导。

幼儿自己操作。

老师指导（并鼓励幼儿发挥想象自由创作）。

**（三）展示、评价作品**

让先做好的幼儿讲一讲自己做的是什么。

老师对幼儿的作品全面评价、积极评价，鼓励幼儿创新求异。

# "乌龟"活动设计

## 一、设计意图

喜欢动物是幼儿的天性，中班的幼儿很喜欢亲近小动物，和动物们交朋友。设计这节活动，是从幼儿的兴趣出发，让幼儿在喜欢动物的基础上，探索校园自然角里的小乌龟，了解它的外形特征和生活习性，激发幼儿积极思考的愿望。同时在整个活动中，爱护小动物的情感贯穿其中，让幼儿在练习手工的同时，情感得到熏陶。

## 二、活动目标

1. 感知乌龟的特征，学会运用小棒雕刻的方法来表现细小的部分。
2. 对黏土活动感兴趣，并运用黏土大胆制作。

## 三、活动准备

海底世界录像、乌龟图片。

## 四、活动过程

**（一）组织幼儿观看海底世界的录像，导入主题**

教师：小朋友，我们在视频中看到海底世界有哪些动植物？老师再放一次录像，重点观察乌龟背壳、脚的特征。

**（二）观察乌龟，幼儿进行制作**

1. 乌龟有一个坚硬的乌龟壳，其头部很小，可以缩回到乌龟壳中，它还有四只脚和一条短尾巴。

2. 教师讲解制作要求，重点指导乌龟壳部分的制作方法。

教师：今天，老师请小朋友给小乌龟找到更多的乌龟朋友，让它们开心地在一起，小朋友还可以利用这些小棒给乌龟的背、脚做出相应的花纹。

3. 幼儿动手操作,教师指导。

指导能力较弱的幼儿首先确定主要内容,制作出简单的动物形象。

指导能力强的幼儿表现出有情节的画面。通过制作水纹波及水草等,画面更加完整。

**(三)作品展示、欣赏**

说说我的小乌龟:请制作完成的小朋友给老师讲一讲你的小乌龟都有哪些好朋友。

# "小象"活动设计

## 一、设计意图

孩子是很喜欢小动物的,动物的许多秉性与孩子的童心很相通,所以,童话的世界一般有动物朋友相伴。小象离幼儿的生活经验很远,为了让幼儿更多地了解小象,我开展了本次活动。

## 二、活动目标

1. 了解小象的外形特征,初步学会用黏土搓圆、压扁等方法制作小象。
2. 乐于参与制作活动,体验黏土活动的乐趣。

## 三、活动准备

各色黏土、小象图片。

## 四、活动过程

**(一)认识小象**

出示小象图片,你喜欢它吗? 为什么?

**(二)了解小象的体形特征**

教师:说一说你看到的小象是什么样子的,它的腿怎么样,鼻子怎么样,耳朵怎么样。

1. 教师示范讲解制作小象的步骤。

拿出蓝色的黏土，先做一个圆球，作为身体。接着再做出两条腿，将两条腿装到身体的底部，确保此时的黏土模型可以稳定放置在桌面上。取两团差不多大小的黏土，搓揉成球，再压扁，做出两只耳朵。将耳朵粘贴到头顶的两侧，耳朵的一个平面要朝向我们。

取红色黏土，先搓成圆球，再压扁。用剪刀将它剪成一个小正方形，作为小方巾。将小方巾放到头顶中间，一个角要朝下。可以用白色的丙烯颜料在方巾上画一些圆点图案。

再用蓝色黏土做手臂和鼻子，黑色黏土做两只圆圆眼睛，将它们添加上去，一头超萌的小象就做好了！

2. 幼儿动手操作，教师指导。

**（三）展示、评价作品**

教师：请个别小朋友说一说最喜欢哪只小象，为什么。


# "多肉千佛手"活动设计

## 一、设计意图

千佛手是公认的最好养的多肉之一，它的植株比较矮小，但是开的花却特别迷人。一开始它的花苞都是被密密麻麻的叶子包裹着，等到叶子一点点地张开以后，才会露出可爱的小花苞，它一般都是在夏天的时候开出黄色的花。植物角里就有一株千佛手，孩子们一起围着它讨论起来："老师，它的叶子好像多肉啊，它叫什么名字呢？"我们就一起来做一个吧。

## 二、活动目标

1. 认识千佛手，知道千佛手的叶子一层包裹一层。

2. 学习运用橡皮泥搓出两头尖、中间粗的叶子。

3. 体验黏土活动带来的成功和喜悦。

### 三、活动准备

1. 实物千佛手一个。
2. 绿色的橡皮泥若干、人手一个泥工板。

### 四、活动过程

**（一）观察千佛手，讨论千佛手的外形特征**

教师：出示千佛手，提问：小朋友看这是什么？它是什么样子的？它是什么颜色的？

小结：这是多肉植物的一种，它的叶子有肉，一片包裹着一片，像莲花一样。

**（二）教师示范用橡皮泥搓两头尖、中间粗的叶子的方法**

1. 这里有许多橡皮泥，我们用它来做千佛手好吗？师生共同讨论：怎样才能做出两头尖、中间粗的叶子？教师示范制作一片叶子的方法。

2. 教师交代要求，幼儿操作，教师个别指导。

引导幼儿制作一片叶子，然后将叶子一层一层环绕包裹起来。对个别能力较弱的幼儿给予帮助。

**（三）展览、评价作品**

教师：我们来看一看谁的千佛手做得最漂亮，请你说说为什么。


# "可爱的龙猫"活动设计


### 一、设计意图

《龙猫》是由日本漫画家宫崎骏的漫画改编来的一部动画电影。电影平和地讲述了一个温馨、天真的故事，影片中的龙猫像小山似的，胖胖的，十分可爱，孩子们也特别喜欢它。所以本次活动围绕龙猫展开。

## 二、活动目标

1. 通过练习捏、揉、团的技巧，制作龙猫。

2. 能创造性地表现龙猫的不同造型。

3. 体验手工活动的乐趣。

## 三、活动准备

龙猫视频、各色黏土。

## 四、活动过程

**（一）观看龙猫视频，引入活动**

小朋友们，你们喜欢这只龙猫吗？为什么？

**（二）认识龙猫**

教师：你看到的龙猫长什么样子？它的耳朵什么样子？肚子是什么样子的？你想自己做一个吗？

1. 示范讲解制作龙猫。

教师：龙猫的耳朵和手都是三角形的，肚子是圆圆的，小朋友们可以自己想象制作龙猫的表情，也可以为龙猫加上装饰。

2. 幼儿操作，教师巡回指导。

**（三）展示幼儿作品**

你的龙猫会到哪里去玩呢？（幼儿自由交流后出示绿油油的草地展板，摆放好幼儿的作品。）你最喜欢哪只龙猫？

# "雪糕"活动设计

## 一、设计意图

回想炎热的夏天，雪糕是人们的最爱，孩子们也不例外，甜甜的奶油让孩子们回味无穷。孩子们已经有制作多种物品的经验，可以让孩子们尝试添加小果粒，所以设计了本次活动。

## 二、活动目标

1. 通过尝试，学会用团、压、捏等简单的黏土技能制作雪糕。

2. 能够创意制作多种口味的雪糕。

3. 体验黏土活动的乐趣。

## 三、活动准备

雪糕图片、橡皮泥、冰糕棍若干。

## 四、活动过程

### （一）图片导入活动，引起幼儿兴趣

小朋友，看，这是什么？你觉得它是什么口味的？为什么？

### （二）观察雪糕，讨论如何制作雪糕，让雪糕看着更美味

1. 先来观察一下雪糕是什么样子的。

引导幼儿说出它是由圆形/方形的身体（身体上可添加自己喜欢的食物），插在冰糕棍上制作而成。

2. 幼儿尝试制作，老师指导观察。

雪糕真好吃！下面我们大家一起来做吧，看一看谁的小手最能干，又最巧。教师巡回指导，帮助能力差的幼儿。

### （三）游戏：好朋友送雪糕

把做好的雪糕送给你的好朋友，并告诉他你是怎么制作雪糕的。

# "可爱的小鸭"活动设计

## 一、设计意图

孩子是很喜欢小动物的，因为动物的许多秉性与孩子的童心相通。在学校的饲养区，养了几只可爱的鸭子，幼儿每次去喂食都流连忘返，所以设计了本次

活动。

## 二、活动目标

1.通过观察小鸭，了解小鸭的嘴巴、鸭蹼等身体部位的特征。

2.能用搓团、压扁等技能制作小鸭子的各个部位并组合。

3.体验黏土活动的乐趣。

## 三、活动准备

课件、橡皮泥、泥工工具。

## 四、活动过程

**（一）谜语导入**

教师：走路一摇一摆，叫声嘎嘎嘎，还会下水游泳。请问这是什么小动物呀？

**（二）了解鸭子特征，进行鸭子创作**

1.观看视频课件，了解鸭子特征。

教师：老师给大家带来了许多鸭子的视频，请大家仔细观察鸭子的特征。

教师：通过刚才的观察，你知道鸭子是什么样子的吗？谁愿意说一下？

2.教师播放制作鸭子步骤课件，幼儿自由创作。

教师：这些鸭子可爱吗？今天，我们就一起来学习用橡皮泥做鸭子。那么，怎样用橡皮泥来捏制小鸭子呢？请小朋友们看大屏幕。

教师：刚才小朋友们研究得都很认真，我看到许多小朋友都学会了制作鸭子的诀窍。下面就请小朋友动手做一只小鸭子吧！

**（三）展示、评价作品**

教师：我看到大部分小朋友的小鸭子都做好了，通过这个活动，大家都有什么收获呢？请给大家说一说。

# "特别的我"活动设计

## 一、设计意图

中班幼儿正处于自我意识形成与发展的最初阶段,对身边的人充满好奇。世界上的人成千上万,每个人都是独立的个体,有着不同的相貌、不同的性格、不同的兴趣和爱好。本次活动让孩子通过比较,由外及内地发现自己与同伴外部特征的异同,从而了解到每个人都是与众不同的。

## 二、活动目标

1. 幼儿能用夸张的艺术形式创造性地表现自己的头部。
2. 体验自由创作的快乐。

## 三、活动准备

1. 陶泥和泥工板若干,各种辅助物(豆类和铅丝,火柴、羽毛、毛线等),背景音乐磁带。
2. 有趣的脸谱图以及一些大师的作品。
3. 幼儿人手一面小镜子。

## 四、活动过程

**(一)师生一起玩"照镜子"游戏:找一找自己头部特别的地方**

教师:你觉得自己什么地方最特别?

小结:每个小朋友都很特别,这些特别的地方都很有趣。

**(二)欣赏作品,幼儿进行创作**

1. 欣赏有趣的脸谱图或大师作品,拓宽幼儿思路,引导幼儿富有个性的想象力。

教师:老师这里也有几张特别的脸,有的还用了一些特别的材料,我们一起来看一看。

教师:小朋友们觉得哪幅作品最特别?什么地方最特别?它是用什么材料装

饰的？

教师：这些作品都很特别，有的耳朵像蝴蝶；有的一张大脸上还有三张小脸；有的脸像个爱心；有的帽子上还有两张小脸；有的脸上还插着羽毛。

教师小结：这些作品有的很有趣，有的给人感觉很奇怪，但这些作品都很特别。

2. 教师示范讲解，幼儿交流如何创作。

教师运用泥工的基本技能进行示范讲解：先用泥做脸盘，泥可以先捏一捏，压一压，尽量使脸盘变大，然后用团圆、搓条、压扁等方法做眼睛、嘴巴、耳朵等五官，最后选用自己喜欢的辅助材料装扮"特别的我"。

教师：小朋友，你们想不想也变得特别呢？那你想变得怎样特别呢？

幼儿互相交流后说一说自己的想法。教师根据幼儿的回答适时追问："你为什么要这样变？""你用什么材料来装扮自己？"

3. 幼儿操作。

教师提示幼儿选用自己喜欢的辅助材料进行创作（播放背景音乐）。

**（三）交流、展示幼儿作品**

教师：请小朋友和同伴互相说一说自己什么地方变得最特别，心里是怎么想的。

同伴间互相评价：你觉得谁最特别？为什么？

教师评价幼儿作品：表扬有创意、能显示个性的作品。

教师小结：今天我们每个小朋友都用黏土和辅助材料为自己设计了一张特别的脸，老师觉得只要小朋友能够把自己心中的想法大胆地表现出来，就是最棒的。

# "漂亮的房子"活动设计

## 一、设计意图

欣赏过各具特色的建筑后，幼儿就有了自己设计漂亮房子的愿望。本次活动意在引导幼儿从外形、功能等方面着手，让幼儿大胆想象、大胆作画，并能够制作出有创意的房子。

## 二、活动目标

1. 幼儿通过团、搓、压等多种方法做出各种不同的房子平面图。
2. 能对房子的屋顶、墙面进行创意装饰。
3. 对黏土活动有兴趣，并乐于创作。

## 三、活动准备

物质准备：国内外各式房子的图片、玩具小猴一只。

知识准备：幼儿会用橡皮泥通过团、搓、压的方法在白板纸上贴出一些简单的图画；画过房子的装饰想象画。

## 四、活动过程

**（一）以故事引出活动，激发幼儿活动兴趣**

教师：在美丽的大森林里，住着一群活泼可爱的小动物，突然有一天一场大火把森林烧着了，房子也没有了。没有家的小动物心里很痛苦，怎么办？我们今天就来用橡皮泥做出漂亮的房子，送给小动物做它们的家吧！

**（二）了解房子的结构，幼儿制作房子**

1. 初步了解房子的结构以及房子的多样性。

引导幼儿讨论：自己见过什么样的房子？是什么形状的？房顶怎么样？

看录像：各式各样的房子。

幼儿进一步感受房子的多样性，并重点引导幼儿观察房子的形状、色彩以及花纹等。

2. 欣赏范例。

教师：这座房子是用什么做成的？怎样做成的？让幼儿了解将橡皮泥通过团、搓、压等方法做出装饰品，再贴在白板纸做成的平面房子上。

教师：这座房子漂亮吗？房子上有什么样的花纹？用了什么颜色？引导幼儿感受房子上的色彩和花纹的美。

3. 提出制作要求。

教师：小动物们是不一样的，所以要住不一样的房子，看谁做的房子最漂亮，并且和别人的不一样。

4.幼儿制作，教师巡回指导。

引导幼儿大胆想象，做出和别人不一样的房子。指导能力弱的幼儿掌握团、搓、压的技能，在白板纸上粘贴出房子，并有一定的装饰效果。

**（三）展示、评价作品，结束活动**

将作品摆放在展示台上，出示玩具小猴，以小猴参观新家园的形式进行评析。

# "热狗汉堡"活动设计

## 一、设计意图

说起热狗和汉堡，大家一定很熟悉。这两种食物虽然是从国外传过来的，但是经过长期的发展，已经完全入乡随俗。几乎每一个人中国人都尝过这两道美食。那么，这两道美食结合在一起会产生什么样的火花呢？今天，我们一起来制作一个热狗汉堡吧。

## 二、活动目标

1.通过活动，认识热狗汉堡的外形，了解热狗汉堡的组合。

2.综合运用搓、团、压等技能来装饰热狗汉堡，锻炼幼儿的小肌肉。

3.体验黏土制作的乐趣。

## 三、活动准备

黏土若干、热狗图片。

## 四、活动过程

**（一）欣赏热狗汉堡图片**

教师出示热狗汉堡的图片，请幼儿观察热狗汉堡的外形及组成部分（面包、生菜、热狗、沙拉）。

（二）师幼讨论交流如何做热狗汉堡

教师：面包怎么做？热狗怎么做？生菜怎么做让叶子更自然？

1. 教师出示热狗汉堡制作步骤图，幼儿观看学习。

2. 幼儿操作，教师巡回指导。

教师指导幼儿用揉、团、压的方法完成热狗汉堡的制作。

（三）欣赏、评价幼儿作品

教师：请把你做好的热狗汉堡放到柜台上，我们一起来看一看，说一说哪一个你最想吃掉，为什么。

# "瑞士卷"活动设计

## 一、设计意图

将鲜美奶油铺在各式风味的薄薄的蛋糕底上，然后卷起来就成了美味的瑞士卷。今天，小朋友都在讨论自己特别喜欢吃瑞士卷，那就一起来做一个吧！

## 二、活动目标

1. 掌握一种新的技巧——叠、卷，学会制作瑞士卷。

2. 在制作的瑞士卷上创意添加自己喜欢的东西。

3. 通过亲自动手制作，体验黏土制作的乐趣。

## 三、活动准备

经验准备：幼儿已经掌握橡皮泥团圆、搓条、按压的技巧；了解生活中所见到的瑞士卷的特征。

物质准备：喜羊羊音乐，瑞士卷图片。

## 四、活动过程

（一）创设情境，引出活动

听喜洋洋音乐和老师一起跳舞，准备去喜洋洋西餐厅吃饭。

教师：厨师们忙不过来，需要聘请几位优秀的厨师来帮忙，谁愿意来帮忙呀？

**（二）观察瑞士卷，进行创意添加**

1.播放幻灯片，观察瑞士卷的样子。

教师：瑞士卷的身体是什么样的？你觉得像什么？怎么制作呢？

2.老师详细讲解制作方法与步骤。详细讲解新的技法——叠、卷。老师展示自己制作好的食物。

教师：可以在制作的瑞士卷上创意添加多种食物。

3.幼儿操作，教师指导。

教师指导幼儿自己动手用今天新教的技巧制作食物，让幼儿都能掌握叠、卷的动作。

**（三）展示食品**

让先做好的幼儿讲一讲自己做的是什么。老师对幼儿全面评价、积极评价，鼓励幼儿创新求异。

# "我喜欢的小动物" 活动设计

## 一、设计意图

动物是小朋友亲密的伙伴，一提起动物，小朋友便滔滔不绝地讲起与动物相关的故事。爱动物是孩子的天性。我们希望通过此次活动，让幼儿了解动物的外形特征，积累有关动物的知识经验，萌发幼儿对小动物的热爱。

## 二、活动目标

1.了解自己喜欢的动物的特点和泥土的可塑性。

2.通过运用揉、拍、搓、捏、复刻、粘贴等基本技法与其他辅助压印技法来表现自己喜爱的小动物的特征。

3.在塑造过程中体验泥塑制作的乐趣。

## 三、活动准备

各种黏土小动物、动物图片、黏土。

## 四、活动过程

### （一）"猜猜是什么动物"游戏导入新课

出示动物身体的一部分图片，让幼儿猜猜是什么动物。

### （二）观察动物，了解动物不同的特点

1. 刚才做游戏时，为什么只看见小动物身体的一部分，你就可以猜出它是谁呢？如果你说得有道理，它就会到你们组去做客。

小结：每种动物都有它的特点，这些动物的特点已经被你们找到了，你们想不想见识更多的动物呀？

2. 欣赏与分析：对一些稀有动物进行讲解。

分组交流讨论：各组共同观察课前收集的动物图片及玩具，说一说动物的特点。

3. 教师演示。

演示小狗的制作过程：外形的处理（揉、捏、接、粘等）；外形肌理的处理（压印等）。

你准备用什么材料来制作喜欢的小动物？根据制作步骤和动物的外形特点塑造自己喜欢的小动物。

### （三）展示、评价作品

你认为哪件作品最有创意？哪件作品做工精巧？

# "愤怒的小鸟"活动设计

## 一、设计意图

为了报复偷走鸟蛋的肥猪们，愤怒的红色小鸟以自己的身体为武器，仿佛炮弹一样去攻击肥猪们的堡垒。今天，我们要做的就是这只叫作小红的小鸟，虽然

它体形小，力量弱，但是仍然用自己的力量去打败敌人。小红颇受幼儿的喜爱，幼儿也可以学习小红勇敢、不怕困难的精神。

## 二、活动目标

1. 了解愤怒的小鸟小红的形象特征、颜色等。

2. 能通过搓、揉、按、挤、按，压等方法做出小红的形状。

3. 乐于参与黏土活动。

## 三、活动准备

黏土、愤怒的小鸟图片、视频。

## 四、活动过程

**（一）视频导入**

让小朋友了解愤怒的小鸟，观察其基本形状、颜色和特点，熟悉角色。

**（二）观察愤怒的小鸟的特点，幼儿创作**

1. 观察交流愤怒的小鸟的外形特点。

引导小朋友找出各种鸟的基本形状（圆形的眼睛，三角形的鼻子，圆形的身体，三角形的嘴巴，长方形的眉毛等）。

2. 教师示范讲解制作步骤，提出要求。

老师示范小鸟的做法，同步展示图片引导。

要求：黏土的特性（没干时两个颜色的组合要小心，不易分开）；做出来的形状先分别摆放，最后再进行组合；通过搓、揉、按、挤、压等方法得到自己想要的形状；学会把复杂的物体简单化，把小鸟分解成刚刚自己找出来的基本形状。（提示幼儿以后见到复杂的东西不要被吓到，都可以用这个分解方法来认识）

3. 幼儿创作，教师指导。

**（三）展示幼儿作品，互相欣赏**

把完成好的作品放到展示台上，幼儿相互欣赏。

# "胡萝卜"活动设计

## 一、设计意图

幼儿正处在长身体的时候，对蔬菜中的维生素摄入是非常重要的，但是幼儿总有挑食的问题，多数幼儿都不爱吃胡萝卜。本次制作可爱的胡萝卜活动，可以让幼儿爱上胡萝卜。

## 二、活动目标

1.熟悉胡萝卜外形特征，会制作水滴形萝卜身体。

2.能用手捏法、泥条法制作叶子。

3.喜爱胡萝卜，知道多吃胡萝卜身体好。

## 三、活动准备

图片、黏土和工具。

## 四、活动过程

（一）图片导入

大家一起来看看这些胡萝卜的图片，它们那可爱的造型、鲜艳的颜色，有没有深深地吸引住你呢？今天，我就来教大家用超轻黏土制作那只可爱的胡萝卜吧。

（二）幼儿观察，发挥想象制作胡萝卜的身体

1.胡萝卜的身体用黏土搓成水滴形，用手捏法、泥条法制作叶子。

2.幼儿制作，教师巡回指导。

教师在巡视时提醒幼儿轻轻地揉捏，掌握好力度，鼓励幼儿运用多种方法进行大胆装饰。

（三）活动评价

请幼儿讲述自己的制作方法，参观同伴的作品，评选喜欢的胡萝卜。

# "玫瑰花"活动设计

## 一、设计意图

玫瑰花代表浪漫，是爱的象征，幼儿特别喜欢玫瑰花。本次活动主要是通过让幼儿观察、尝试找到制作玫瑰花的方法与技巧，通过选材、设计，制作一朵自己喜欢的玫瑰花。

## 二、活动目标

1. 知道玫瑰花瓣由外到内越来越小，了解花朵的结构。
2. 学习玫瑰花瓣一个接着一个围着圆心缠绕的方法。
3. 喜欢参与黏土制作活动。

## 三、活动准备

课件、黏土和工具。

## 四、活动过程

### （一）图片导入

教师：这是什么花？玫瑰花的花瓣是怎样开放的？今天，我就来教大家用超轻黏土创作一朵玫瑰花吧。

### （二）学习用超轻黏土制作玫瑰花瓣的方法

1. 看教学视频，学习玫瑰花瓣一个接着一个围着圆心缠绕的方法。
2. 幼儿制作，教师巡回指导。

帮助个别能力弱的学生进行制作活动。

### （三）欣赏并评价作品

幼儿互相欣赏作品并给同伴说一说自己是如何制作玫瑰花的。玫瑰花超轻黏土作品展：评选作品。

# "蝴蝶"活动设计

## 一、设计意图

中班幼儿年龄小，手部肌肉尚未发育完善，眼手不能协调一致，在幼儿美术教学中，黏土教学作为重要组成部分，深受幼儿喜爱。黏土教学活动，不仅能使幼儿掌握一些简单的塑造物体形象的方法和技能，还能增强幼儿手的协调性、灵活性，促进其智力的发展。幼儿初步掌握了捏、团、搓、压等技能，特别喜欢《毛毛虫变蝴蝶》这本书，对漂亮的蝴蝶特别钟爱，所以设计此次活动。

## 二、活动目标

1. 学习运用捏、团、搓等技能用橡皮泥做蝴蝶。
2. 了解蝴蝶的基本特征，感受和表现蝴蝶的对称美和色彩美。
3. 乐于参与黏土活动。

## 三、活动准备

黏土、蝴蝶图片。

## 四、活动过程

### （一）出示蝴蝶图片，引出课题

教师：在美丽的花丛中，有许多可爱的蝴蝶，它们在快乐地飞舞、你追我赶着做游戏，瞧，它们都飞到这里来做客了！（拿出蝴蝶图片）

教师出示作品（蝴蝶）：谁想和它们玩？我们来比比看，哪只蝴蝶飞和最高、舞姿最优美。

教师小结：这些同学表现得真好，可是老师做的蝴蝶不够呀，怎么办呢？

### （二）幼儿观察，制作蝴蝶

1. 发现蝴蝶形态对称现象。

教师：这些蝴蝶左边和右边有什么特点？引导幼儿说出多种对称现象。

2. 师幼交流如何制作蝴蝶。

教师：现在我来考考你们，你认为这些蝴蝶可以用什么方法来制作呢？

学生自由讨论蝴蝶的制作方法，并根据自己小组的材料大胆设想蝴蝶的不同制作方法。

3. 幼儿操作，教师巡回指导。

教师：我们来动手试一试！每一小组都有很多材料。我用我的方法，你们也可以用你们的方法，注意外形的设计与颜色花纹的搭配。

**（三）作品展示、评价**

教师：把你做好的蝴蝶放在花丛里吧，你最喜欢哪只蝴蝶？为什么？

# "鱼群"活动设计

## 一、设计意图

黏土制作可以锻炼幼儿手指的灵活性，丰富幼儿的想象力和创造力。鱼是生活中常见的动物，幼儿已经对鱼的外形特征有所了解，所以根据幼儿的兴趣开展了此活动。

## 二、活动目标

1. 能大胆运用捏、压扁的方式塑造深海鱼的形象。
2. 合作完成海底世界鱼群的完整作品。
3. 体验合作带来的快乐。

## 三、活动准备

装有蓝色水的矿泉水瓶（高低不同）和塑料瓶、橡皮泥、自制样品、音乐。

## 四、活动过程

### （一）教师展示自制作品，引导幼儿感受瓶贴画的特殊样式

教师：小朋友们，今天，老师要带你们去海底世界哟。我们来看一看，这是

什么？（鱼群）

**（二）观察瓶贴作品，发现鱼儿位置高低起伏的变化，使画面更富层次感**

1. 教师出示作品：瓶子上有什么？是用什么做的？这样把作品贴在瓶子上与我们平时直接摆放在泥工板上有什么不一样呢？（引导幼儿发现瓶贴画是围绕瓶壁制作的，很具立体感，让人觉得鱼儿似乎真的在游动）

2. 引导幼儿观察瓶贴画的构图特点。老师转动瓶子，说：仔细看看，瓶子上鱼儿的位置有什么变化？（引导幼儿发现鱼儿位置高低起伏的变化，使画面更富层次感）

3. 师幼共同探索瓶贴画的制作方法，并鼓励幼儿大胆交流经验。

教师：现在请每一位小朋友都来试一试，用橡皮泥制作一条鱼贴在瓶子上。

教师：海底鱼群众多，鱼群多才会让海底世界更丰富。还可以表现哪些海底生物呢？例如海草。

4. 幼儿制作瓶贴画，教师指导。

提醒幼儿发挥想象，大胆表现鱼的外形，要注意色彩的变化。

提醒幼儿在瓶子的下半部分制作一些珊瑚、水草等生物，丰富画面的内容。

**（三）欣赏和评价**

展示每一组作品，幼儿欣赏，可以将幼儿的作品摆放在教室。

教师：小朋友的到来和参与，让这次探险变得越来越有趣、生动，小朋友们，开不开心？


# "美味比萨"活动设计


## 一、设计意图

《3—6岁儿童学习与发展指南》指出，让幼儿尝试用多种材料和工具，运用多种方法自由地表现熟悉物体的粗略特征，并做简单想象，体验乐趣。幼儿喜欢吃比萨，比萨材料丰富，色彩鲜艳，于是就设计了此次《美味比萨》的活动。

## 二、活动目标

1. 了解制作比萨的材料，能用搓团、压扁等技能制作比萨。

2. 创意制作不同的比萨小料。

3. 喜欢参与比萨制作活动。

## 三、活动准备

课件、黏土和工具。

## 四、活动过程

### （一）比萨图片导入，激发兴趣

教师：比萨由哪几部分组成？什么材料可以作为比萨的小料？

今天，我们就一起用超轻黏土制作美味比萨吧。

### （二）学习用超轻黏土制作比萨的方法

1. 看视频。

教师：比萨的面饼是什么形状的？可以怎么做？

教师：比萨上面撒的小料可以用哪些材料来做呢？怎么做？

2. 幼儿制作，教师巡回指导。

帮助个别能力弱的学生进行制作活动。

### （三）欣赏并评价幼儿的比萨作品

教师：你最喜欢哪一个比萨？为什么？

教师：我们把这些比萨放在柜台上吧，可以开个比萨店。

# "甜甜圈" 活动设计

## 一、设计意图

　　生活中有很多的圆，圆可以组成各种不同的东西。本阶段的幼儿对圆已经有所了解，但在形状组合、色彩搭配等方面有所欠缺。本次活动，在孩子欣赏各种各样的甜甜圈的基础上，让孩子观察体验，并通过自己的想象掌握组合技巧和方法，体验美术创作活动的快乐和成就感。

## 二、活动目标

1. 练习搓、团、捏、压扁等技能，学会制作甜甜圈。
2. 能在甜甜圈上添加自己喜欢的物品。
3. 喜欢参加泥工活动。

## 三、活动准备

黏土、甜甜圈图片。

## 四、活动过程

### （一）情景导入

教师：小猫开了一家甜甜圈商店，小动物们都非常喜欢，都来买，可是甜甜圈不够了，怎么办呢？我们小朋友来帮助它吧。

### （二）出示范例，观察甜甜圈

这些就是小猫卖的甜甜圈，咱们一起来看看里面这个是什么。（面包圈）上面的呢？（巧克力皮）还有什么？（还有碎粒）

1. 教师示范讲解制作步骤。观察：面包圈是什么形状的？（圆形的中间有洞）中间的小洞是怎样制作出来的呢？分步骤教会幼儿制作甜甜圈。

将面包圈打开（原来是用长条围成一个圆形），想要什么颜色的脆皮，就用什么颜色的橡皮泥搓成条，压扁，放在面包圈上面，再用各种颜色搓成碎碎，放在最上面。

2. 幼儿独立操作，教师指导。

### （三）展示幼儿作品

将制作好的甜甜圈放到货架上，可供班级蛋糕店售卖。

# 创意美术

## 活动设计

# "变废成宝"活动设计

## 一、设计意图

在人们不断制造生活垃圾和废物的今天，废瓶子、泡沫、纸板随处可见。因此，在本次活动中我利用这些常见的生活垃圾，让小朋友小组合作，巧妙利用，进行大胆的想象、设计，使小朋友在生活中学会用创造的眼光去发现美和创造美，大胆进行"变废为美"的艺术活动。

废弃物再造不仅是环保教育，还为小朋友展现了一种新的综合性美术创作思路，传达一种生活情趣。

## 二、活动目标

1. 通过欣赏各种废弃物组合的有趣的艺术作品，感受不同的表现效果。

2. 能利用收集的废弃物，并根据不同形状、材质特征进行有效分类，制作一件美术作品。

3. 感受保护环境带来的乐趣，树立环保意识。

## 三、活动准备

1. 小朋友准备各种不同的废弃物，主要是日常生活中常见的塑料袋、瓶子、盒子、废纸等；胶水、剪刀、绳子等制作工具。

2. （教师）废弃物制成的作品；生活中常见的废弃物材料。（课件图片）

## 四、活动过程

### （一）认识材料，讨论废弃物加工方法

让小朋友以小组为单位一起整理不同的废旧材料，对材料进行分类（能说出不同类别中的一些具体的物品，比如卡纸、皱纹纸等）。

教师：小朋友们带来的材料真不少！老师给每组小朋友带来了一件礼物，大家在桌子上找一找是什么样的礼物（课前老师在每一小组的课桌里放置了一件废

弃物造型的礼品）。

讨论一下废弃物的加工方法。（工具：剪刀、胶水、钳子）

教师简单示范（剪、接、扎、粘、饰等技法）。

教师小结：看，一些废弃物，经过咱们动脑动手，转眼变成了一件小小的工艺品！今天，这个活动我们也要运用这些方法，把我们带来的材料好好变一变。

**（二）观察、欣赏作品，讨论作品中用到的材料**

它们用什么材料制作的？是怎样组合起来的？（对作品进行分解，多角度、多思路展示，以启发小朋友的创作思路）

教师出示课件：

1. 优秀小朋友作品欣赏。

2. 欣赏大师作品。

**（三）幼儿作画，变废为宝**

1. 组内讨论收集的废弃物能加工成怎样的作品。

2. 小组合作，教师巡视指导。

**（四）作品展示，幼儿互评**

交流评议，展示作品。

1. 小朋友交流作品，进行介绍，相互评议。

2. 集中展示。

教师总结：我们的生活中有许许多多有趣的事物和材料能够重新利用，正如我们今天学习的废弃物再造。只要大家做个有心人，积极动手动脑，就能创作出更多有特色的艺术作品。

# "好玩的吹画"活动设计

## 一、设计意图

中班的幼儿已经知道水的多种作用，但运用水作为工具材料来作画，还是首次。所以，此次教学活动采用"吹画"这种新颖的作画方式，让幼儿体验不同的作画方式带来的乐趣，同时让幼儿学会运用水的流动性并能控制吹气力度的大小作画，提高平衡协调能力，发展思维，激发创造力。

## 二、活动目标

1. 通过活动，初步了解吹画艺术。

2. 大胆进行吹画活动，掌握吹画的技巧。

3. 在吹画过程中发展幼儿的想象力和创造能力。

## 三、活动准备

四种不同颜色的颜料、白纸、棉签、吸管，作品课件。

## 四、活动过程

**（一）活动导入：神秘的盒子**

1. 让幼儿摸一摸、猜一猜盒子里面的神秘物品。

教师：今天，老师带来了一个神秘的盒子，你们猜一猜里面装了什么。我请小朋友上来摸一摸。

2. 教师出示吸管，讨论吸管的作用。

教师：吸管除了能喝水外，还可以做什么？

总结：吸管不仅能用来喝水，还能用来作画。

**（二）教师示范吸管吹画**

1. 教师展示吹梅花的方法。

教师：首先，在画纸上滴一滴颜料，用吸管把这些颜料吹开。

2. 提问：老师吹出的梅花漂亮吗？小朋友想不想试试呢？

**（三）开展"创意吹画"活动，教师巡回指导**

1. 给每组幼儿发放作画工具、材料，并讲述作画规则及注意事项。

2. 引导幼儿发挥想象力主动去创造作品。

3. 教师巡视并指导个别幼儿。

**（四）展示、欣赏作品**

1. 师幼共同选出优秀作品，评出"最佳创意奖"以资鼓励。

2. 引导幼儿欣赏他人作品并结束活动。

# "小蜗牛去哪儿了"活动设计

## 一、设计意图

外出活动时，小朋友看到了一只小蜗牛。过了一会儿，小蜗牛从壳里探出头，在小朋友手里慢吞吞地爬。又过了一会儿，小蜗牛不见了，小朋友找来找去也没有找到。教师抓住这个教育契机，设计了绘画表述活动"小蜗牛去哪儿了"。

## 二、活动目标

1. 鼓励幼儿大胆想象，并通过语言、绘画或粘贴的形式表现出来。
2. 引导幼儿关注周围的生命，养成积极的生活态度。

## 三、活动准备

1. 经验准备：观察蜗牛的外形特征，了解蜗牛的生活习性。
2. 背景图：大树和草，毛毛虫和菜地，花园和蝴蝶，小河和青蛙。
3. 环境布置：蜗牛图片、蜗牛生活背景、幼儿观察记录。
4. 材料：半成品剪贴画、八开白纸、油画棒、胶棒、手工布等。
5. 电教器材：视频仪、录音机。

## 四、活动过程

### （一）欣赏故事，理解故事内容

1. 教师交代故事名称——《小青蛙旅行记》。
2. 放录音——自编童话故事《小青蛙旅行记》（附后），边讲边通过视频出示背景图。

### （二）猜想小蜗牛旅行的地点

教师引出主题：故事里的小青蛙去旅行，可高兴了。咱们班自然角的小蜗牛丢了，小朋友都很着急。其实小蜗牛也去旅行了，旅行是一件多么快乐的事啊！你们想一想：小蜗牛可能到哪里去旅行呢？它会碰见谁？看到什么？遇到什么事？

1. 围绕这几个问题，让幼儿找同桌或自己的好朋友一起讨论。教师走到幼儿中间，倾听他们的想法。

2. 全班幼儿一起交流。

**（三）幼儿作画，教师巡回指导**

1. 教师介绍提供的材料，引导幼儿将想法画出来，鼓励幼儿大胆表现。幼儿按自己的意愿选择需要的材料。

2. 幼儿绘画、粘贴。教师细心观察，根据幼儿的实际需要给予适当的支持、帮助和指导。

对不敢大胆绘画的幼儿，教师可以用游戏的口吻说："小蜗牛去哪儿了？它找妈妈去了。"这样，幼儿画出同样的蜗牛，就有成功感了。教师还可以说："小蜗牛找花姐姐去了，花姐姐长什么样呢？"引导幼儿从颜色、形状等方面考虑，画出花姐姐。

对不会画的幼儿，教师可以引导他们挑选适当的半成品材料，粘贴出蜗牛及背景。

对不喜欢画画的幼儿，教师可以引导他们欣赏环境创设中的作品或其他幼儿的作品，让他们感知色彩的美。

**（四）作品展示，幼儿互赏**

1. 教师引导画完的幼儿讲画。幼儿拿着自己的画，把小蜗牛去旅行的经历讲给老师、小朋友或其他人听。

2. 教师协助幼儿将作品粘在展示板上，幼儿互相欣赏、交流。

**（五）活动延伸**

幼儿将自己的绘画作品编成一个个小故事，录音后放给小班的弟弟妹妹听。

教师协助幼儿将绘画作品装订成书，放在图书区，供大家阅读和讲述。


附：

小青蛙旅行记

井里住着一只小青蛙。周围的人每天用绳子拴着桶从井里打水。小青蛙看到水桶上来下去的，真想到井外边去看一看。有一天，小青蛙跳进打水的桶里，和水桶一起上去了。它趁人不注意，迅速地跳到了旁边的草丛里。它看见小草一棵接着一棵，绿绿的，旁边还有一棵大树！再抬头往上看，呀，太阳真刺眼！小青蛙想，这儿可真大呀，可比在井里好多了！它蹲在那里看了一会儿，心想，既然我已经跑出来了，那我就跑得再远一点吧，看一看别的地方是什么样。于是，它又用力向前跳去。

小青蛙来到一个菜园子旁边，停下来喘着气。"世界多大啊！我得好好看看，不能守在一个地方。"它自言自语地跳进了菜园子，"好绿的菜啊！真漂亮！"这时，菜叶子上的一条毛毛虫说："小青蛙，别走了，你就留在这里和我做伴吧。"小青蛙没有听毛毛虫的话，继续向前跳着。

它来到了一个花园里，这儿开着各种颜色的花儿，有红色的、黄色的、粉色的……好看极了。一只蝴蝶在花丛中飞舞，小青蛙以为它是一朵会移动的花儿，对着蝴蝶说："好漂亮的花呀，还会飞呢！"

天渐渐地黑了。小青蛙看见了无数的星星，一闪一闪的，还看见了弯弯的月亮挂在天空。小青蛙继续向前跳着，希望看到更多、更新鲜的东西。"呱、呱"，一种好熟悉的声音。小青蛙顺着声音继续往前跳，来到了一个池塘边，看到几只青蛙在荷叶上唱歌。它们邀请小青蛙参加它们的音乐会，小青蛙高兴地跳到了一片荷叶上，和大家一起"呱、呱、呱"地唱了起来。这一天可真让小青蛙长了见识。

# "创意手印"活动设计

## 一、设计意图

中班的幼儿好奇心、探索欲望强烈，对所接触的新事物都有尝试的愿望。他们有一定的求异思维，但创造能力不算强，如果能多开展一些激发其创造性的活动，使其感受到创造性活动的乐趣，就能促进其创造力的发展，并激发其参与创造性活动的兴趣。根据幼儿的实际情况，我选择了把掌印添画成其他事物的美术活动，鼓励幼儿积极思考，体验想象活动的乐趣。

## 二、活动目标

1.能根据手印的形状大胆地想象，添画成完整的形象。

2.进一步提高幼儿的想象能力，并使其在活动中体验创造的乐趣。

3.能保持画面整洁，与同伴协调合作。

### 三、活动准备

白纸、记号笔、报纸。

### 四、活动过程

**（一）欣赏作品，引起幼儿兴趣**

教师：昨天我学了一种新本领，叫"五指神功"，你们想学吗？你们看这是什么？这是一本武功秘籍，我们要学的功夫就在里面，想看吗？

教师：这些是什么？这些手印你们知道是怎么来的吗？这就是我们神功的第一招——描手印（用手指做笔）。

教师示范描，幼儿仔细观察。请幼儿说说是怎么描的，还能不能做出其他不同的姿势。请幼儿做各种姿势，并说说像什么。

**（二）教师引导，幼儿合作练习**

1. 教师指导幼儿练习描手印。你们再来看看，这像什么啊？请幼儿回答。究竟这些手印会变成什么？我们来看一看。瞧，这些手印变成什么了？是怎么变过来的呢？请幼儿回答。

2. 神功还有最厉害的一招，这一招一个人完成不了，需要两个人一起合作完成，你们想不想学？我们一齐来看看。这是什么？是怎么画的？请幼儿说说。

**（三）幼儿作画，教师指导**

教师：小朋友们，师傅已经把"五指神功"都教给你们了，接下来就要小朋友自己来练了，可以一个人画，也可以两个人一起合作画。现在开始吧。

**（四）作品评价**

引导幼儿欣赏他人作品并结束活动。

# "橘子皮畅想"活动设计

### 一、设计意图

秋天是收获水果的季节。橘子孩子们都吃过，酸酸甜甜的味道很受他们喜爱。利用剥剩下的橘子皮开展创意美术活动，在活动中让孩子了解橘子皮还可以进行美术创作，感受创作之美。

## 二、活动目标

1. 运用借形想象的方法，尝试在橘子皮上进行想象添画。
2. 大胆表述自己的作品内容，体验特殊材料创作的乐趣。
3. 体验橘子皮作画带来的乐趣。

## 三、活动准备

1. 材料准备：八开正方形铅画纸、记号笔、油画棒、双面胶、橘子、用于盛橘子的碗。
2. 知识经验准备：幼儿已有剥橘子的经验。
3. 学生准备：幼儿活动前洗手。

## 四、活动过程

### （一）创设故事情景，出示橘子

1. 故事导入，营造氛围。

教师：幼儿园里的小朋友今天吃橘子，他们把橘子皮都扔进了垃圾桶。夜晚，教室里静悄悄的，小朋友们都回家了。突然，垃圾桶里跳出一块橘子皮，它打了个滚，"吧嗒吧嗒"睁开了眼睛，变变变，橘子皮变成了一只小狗。这时，第二块橘子皮也跳了出来，它睁开眼睛，变变变，你们猜它变成了什么？

2. 学会剥橘子。

教师：告诉你一个秘密哦，剥的时候小心一点，尽量让整张橘子皮连在一起。如果你想跟别人剥得不一样，还可以让你的橘子在手上跳圆圈舞，剥一剥，翻个跟头再剥一剥。

教师：剥好后，把它贴在彩纸上。我们来比一比谁剥得最完整、最特别。

### （二）观察橘子皮，幼儿创造想象

1. 观察交流。

教师：出示橘子皮，引导幼儿从不同的角度观察橘子皮的形状，说说像什么。

教师：你们猜猜它有可能变成什么，还可以把它转一转，换一个方向后想一想。

2. 根据幼儿的回答，教师示范添画，变成动物。

教师：先添出眼睛，再画出动物的特征和身上的花纹。

教师：为了让它更漂亮，还可以用两种不同的颜色绕着橘子皮描一圈。先用颜色深的，再用颜色浅的，两种颜色要融合在一起。最后添上背景。

**（三）幼儿作画，教师巡回指导**

教师：你们也来让橘子皮宝宝变变变，把朋友们请出来吧。记住了，我们可以把纸转动起来，从不同的角度观察。

**（四）分享展示，集体评价**

1. 集体欣赏作品，总结评价看看都邀请了哪些朋友。

2. 洗手，欣赏同伴的作品，共同品尝酸酸甜甜的橘子。

# "眼睛的联想" 活动设计

## 一、设计意图

欣赏关于眼睛的联想创造作品，使小朋友了解眼睛在绘画中的作用和图形的创意手法，激发小朋友设计创意绘画的兴趣；通过由点及面的图形联想，培养小朋友发散性思维能力，打开小朋友的设计思路，使其创作出有独特创意和思想的作品。

## 二、活动目标

1. 尝试用红、黄、蓝三原色画一画自己眼中的五彩世界，感受变出新颜色的乐趣。

2. 集体合作完成作品，体验合作与分享的愉悦。

3. 对用自己的身体进行造型设计感兴趣，养成大胆用色、均匀涂色的良好习惯。获得大胆联想和想象的快乐。

## 三、活动准备

1. 形状各异的砂皮，红、黄、蓝蜡笔，幼儿人手一份。

2. 老师拍的照片两张，"大眼睛"相框、录音机、磁带、数码相机。

## 四、活动过程

**（一）眼睛是一架照相机**

1. 导入：游戏"找五官"。

2. 拍照。尝试用"眼睛照相机"拍一拍周围的物体。请幼儿在活动室里自由寻找自己喜欢的物体，用"眼睛照相机"拍下来。启发幼儿变换角度拍。师幼互相拍。

3. 交流：刚才你的"眼睛照相机"拍了什么？你拍的照片有哪些颜色？（个别回答）

以前你的"眼睛照相机"还拍过什么？拍到过哪些美丽的颜色？（轻轻告诉旁边的小朋友）

设疑：老师出示自己用"眼睛照相机"拍的五彩照片和红、黄、蓝三支蜡笔让幼儿猜一猜，只用这三种颜色怎样画出照片上的绿色、橙色等颜色。（幼儿自由发表意见）

尝试：幼儿尝试用红、黄、蓝三种颜色画出五颜六色的作品。

教师巡回指导、提供帮助，引导幼儿在变出新颜色的同时，发现所用颜色多少与变出的颜色深浅之间的关系（如在用黄和蓝混涂时，黄多蓝少为浅绿，蓝多黄少为深绿）。

**（二）送照片，感受合作的快乐**

1. 送照片：出示"大眼睛"相框，幼儿根据所画作品背后的色块和数字，将照片贴到相框相应的位置上。

2. 感受合作的快乐：小朋友拍的照片合起来变成了两只美丽的大眼睛，你们高兴吗？

3. 交流：你变出了什么颜色？你是怎么变出来的？

**（三）通过联想"眼睛的家"，尝试绘画**

1. 讨论：眼睛的家在哪里，眼睛的家里有谁，怎样为眼睛造一个家。

2. 启发：用自己的身体为眼睛造一个家。

幼儿尝试：先请一名幼儿做鼻子，然后依次合作完成嘴巴、眉毛、脑袋、耳朵的造型。其余幼儿手拉手围成一个圆圈蹲下，成为一个大大的脸蛋。

3. 师幼游戏：师唱歌曲《眼睛的家》，唱到的角色招招手，确认自己的角色造型，加深对用身体进行造型设计的感受。

**（四）老师拍下集体造型，结束活动**

（略）

# "蝴蝶找花"活动设计

## 一、设计意图

所有孩子的第一笔涂鸦都是从线条开始的。线条是一种神奇的符号，是孩子最简单和最直接地表现自我的一种绘画语言。线的变化多姿多彩，线的魅力无穷无尽。《幼儿园教育指导纲要（试行）》中艺术领域的目标明确指出：幼儿能用自己喜欢的方式进行艺术表现活动。本节活动所选用的就是幼儿感兴趣的线描画活动。

## 二、活动目标

1.学习用线条进行想象画。

2.借助"小蝴蝶跳舞"自然分割图案，进行想象和添画。

3.对想象线条画有兴趣，投入地参加活动。

## 三、活动准备

材料准备：背景图、绘画纸。

## 四、活动过程

### （一）情境导入，激发兴趣

1.在音乐伴奏中，教师以角色身份带领幼儿进入情境。教师：小朋友，春天来了，花园里的花儿都盛开了，各种各样的花好漂亮呀！你们想不想跟着老师去赏花呀？我们听着音乐跟着老师出发吧！花园里的花真多呀！瞧，这朵花还跟我们眨眼睛呢！哇，那朵花真特别呀！哦，瞧，这朵花也很有趣哦。说说哪里特别呢？它的花瓣像什么呀？哟，那边的花儿排列得真有趣，像什么呀？（波浪形）公园里的花儿不仅美还真有趣，有的花瓣是波浪形的，有的花瓣是螺旋线的，还有的花瓣是三角形的，真是太有意思啦！

2. 在音乐的伴奏下，教师用贴有蝴蝶的笔在花上舞蹈，画出各种不同的线条，引起幼儿作画的兴趣。

教师：小朋友们，逛公园逛累了吗？我们坐下休息一会儿吧！刚才我们都欣赏了漂亮的花儿，谁来告诉我你最喜欢的花儿是用什么线条宝宝变成的。原来不涂颜色，用不同的线条，也可以变出美丽的花儿。你可以用动作来表示这些线条吗？小朋友表现很棒哦！

教师：老师这儿还有一幅鲜花图呢（出示范图），我们一起来看看：画里有什么？（这幅画里有漂亮的花朵）这些美丽的花朵会把谁吸引过来呢？（蝴蝶、蜜蜂、蜻蜓）哦，小朋友真是爱动脑筋，花儿的确把美丽的花蝴蝶给吸引过来了。瞧，它在这儿呢！咦，花蝴蝶在想什么呢？（想看花）花蝴蝶很想去花朵上玩玩，可是它想请小朋友来做引路人，带着它一起去赏花，可以吗？（可以）那小朋友想从哪里开始赏花呢？哦，这朵花可真漂亮，就从这朵花开始好吗？先到这朵花上去跳个舞，再从这边飞到那边看看吧，还是回到花瓣上跳个圈圈舞吧！哇，在花瓣上旋转可真开心呀！小朋友，还想飞到哪儿去玩玩呀？飞到那朵花蕊上闻一闻花香吧，真香啊！哦，好累呀，到花蕊上休息一会儿，睡个觉吧。（用符号表示）我从这边飞到那边（直线），在花瓣上旋转，在花蕊上转个圈（螺旋线）。

在整个示范过程中，没有一句有关画画方法的讲解。但老师讲完了，一幅美丽的线条分割图也就完成了。孩子们睁大眼睛，不由得赞叹，嘴里发出啧啧的声音。在情景化的语言中，孩子不但受到美的熏陶，而且不知不觉地掌握了线描画的画法，真正体现了"幼儿在前、教师在后"的教育理念。

**（二）初步尝试用勾线笔画出蝴蝶跳舞的痕迹**

教师：小朋友们，你想到花朵上跳舞吗？你想用什么线条宝宝来跳舞呢？（幼儿说出后，教师带领幼儿用肢体动作表现，为幼儿下面的勾画做准备）那请你为自己选一朵最喜欢的花，去跳个快乐的舞吧！（个别幼儿作画）（幼儿在音乐声中勾画蝴蝶跳舞的各种线条。教师巡回指导，鼓励幼儿大胆想象，画出不同的线条）

**（三）观察由蝴蝶跳舞痕迹所组成的各种图案，想象并添画**

教师：小朋友，现在我们来仔细观察画面，还和刚才一样吗？现在画上有了许多神奇的线条，看着这些线条你想做什么，怎么变，变什么，谁来说说看？（幼儿说出后，教师带领幼儿用肢体动作表现，为幼儿下面的勾画做准备）看，这朵花可真漂亮！我想把它装扮成我的花房子。我要把这儿装扮成我的客厅。瞧，这就是我爱吃的巧克力和棒棒糖！我想把这儿变成我的池塘，养些小鱼、小螃蟹、小青蛙等，我还想在这儿种上一棵苹果树呢，等到秋天的时候一定可以尝到甜甜的苹果哦！这儿，我添个太阳吧，我还可以变出许多宝贝呢！

教师：小朋友，你们想不想也拥有这样一个美丽的花园，让你的花园有美丽的城堡，有可爱的小动物，还有许多神奇的宝贝呀？（想）那现在就请小朋友拿起记号笔先在花朵上跳个舞，然后根据线条变出你想变的东西！记得在你的花园里添上花花草草呀，各种小动物呀，把你的花园打扮得漂漂亮亮的！我会去你们的花园里面参观哦！

**（四）幼儿作品展示**

教师：小朋友，你的花园装扮好了吗？如果你的花园装扮好了，那就先搬进花园吧。（启发幼儿用语言将自己的创作意图表达出来，达到分享与交流的目的）

教师：每个花园都很漂亮，非常有特色，我们都很喜欢！小朋友，我们一起去邀请后面坐着的老师去我们的花园游玩吧！一起在我们的花园里拍张照片吧！

# "奇妙的圆"活动设计

## 一、设计意图

根据中班幼儿年龄的认知特点和绘画水平，发挥幼儿的想象力、创造力，充分调动幼儿的积极性，变被动为主动，通过"变魔术"的游戏情景勾起幼儿强烈的好奇心，帮助幼儿迁移生活经验，激发幼儿创作的欲望。引导幼儿自主创造，表现自己对生活的细致观察，拼出自己喜欢的、熟悉的圆形物品，从而培养幼儿的观察能力、探索能力及审美情趣。

## 二、活动目标

1. 指导幼儿在圆形的基础上添画各种物体。
2. 在添画的过程中，使幼儿知道圆能变成各种有趣的东西。
3. 发展幼儿的想象力和创造力。

### 三、活动准备

1. 各种颜色、各种大小的圆。
2. 由圆变成其他物体的课件。

### 四、活动过程

**（一）引起兴趣**

教师：小朋友，今天我们班里来了一位小客人，他是谁呢？（播放第一幅图）大家好，我叫圆圆（小朋友向圆圆问好），我特别喜欢圆的东西，我喜欢玩圆圆的皮球，爱照圆圆的镜子，爱吃圆圆的饼干，还会变圆的魔术！

教师：什么是变圆的魔术呀？（请个别幼儿回答）圆圆到底是怎么变圆的魔术的呢？我们一起来看看。（播放课件第二幅图）

**（二）通过魔术表演，幼儿知道圆是如何改变的**

教师：小朋友，你们知道圆圆是怎么把红色的圆变成苹果的吗？（幼儿回答：在红色圆上画上绿色的叶子就变成苹果了。）你们会变吗？你们会变什么呢？（请个别幼儿来回答）你们真聪明！一下子就把圆圆的变圆的魔术学会了。

教师：圆圆还会变两个圆、三个圆、四个圆呢。我们一起来看看圆圆是怎么变的（继续播放课件）（把两个圆变成了小鸡，三个圆变成了小花，四个圆变成了蝴蝶）。小朋友，你能把两个圆、三个圆、四个圆，变成什么呢？请幼儿自由讨论，告诉身边的好朋友。

**（三）幼儿操作，教师巡回指导**

1. 交代任务：我们今天也来学圆圆变圆的魔术。看，老师为小朋友准备了各种颜色、各种大小的圆（出示为幼儿准备的材料），请小朋友先想好你想用几个圆变成什么东西，然后找到你所需要的圆，在圆的一面用胶棒抹上胶粘贴在白纸上，你想变什么再把它添画好。小朋友把圆变好了，可以互相看，也可以给后面的老师看，并告诉老师，你把几个圆变成什么东西了。现在就请小朋友轻轻地搬小椅子上去变圆吧。

2. 教师巡回指导：变出和别人不一样的东西来。帮助能力弱的幼儿，鼓励他大胆变圆。

**（四）集体评价**

鼓励幼儿大胆地告诉同伴和老师，自己用几个圆变成了什么东西。

请变好的小朋友把作品拿到前面的展板上，给大家看看，并告诉大家用几个圆变成了什么东西。

**（五）活动延伸**

小朋友，你们除了认识圆，还认识什么形状？正方形、三角形也想让小朋友来变魔术，以后我们请它们都来，变出更多、更美的东西，好吗？

在区域活动中让幼儿玩各种图形的添画。

# "创意叉子画"活动设计

## 一、设计意图

别看这是一把小小的叉子，却有你意想不到的创意，一把小小的叉子，也能让孩子快速学习！它能成为"画笔"，锻炼孩子手的握力和控制力，发现各种物体形成的纹理，还能让这种纹理"成就"孩子的大作。用叉子来作画，是一种非常有创意的艺术创作活动，对孩子们而言，他们能从中提升自我的艺术能力，提高艺术审美力！

## 二、活动目标

1. 尝试借助叉子用多种方法制作自己喜欢的作品，并能表现出作品的主要特征。

2. 喜欢参与美工活动，体验变废为宝的乐趣。

3. 通过活动增强幼儿的环保意识。

## 三、活动准备

1. 经验准备：幼儿看到过各种动物、花卉等，有用几何图形拼摆动物的经验。

2. 物质准备：一次性叉子若干，各色废旧瓶盖，一次性纸盘，彩色纸，记号笔，双面胶，动物图片。

## 四、活动过程

### （一）故事导入，激发幼儿参与活动的兴趣

教师：很久以前，有一个叉子王国，里面住着好多叉子宝宝（教师出示叉子）。元旦快到了，叉子国王就想带着叉子宝宝们去参加勺子王国的元旦晚会，但是勺子国王说了，他们今年的元旦晚会主题是多彩元旦夜，希望叉子宝宝们都能穿上五颜六色的衣服来参加他们的活动。于是叉子宝宝们就想着给自己穿什么颜色的衣服（出示蘸有颜料的各种叉子）。哇，好漂亮的叉子宝宝哇，大家都在相互欣赏着对方的漂亮衣服。咦？发生了什么事呢？只见一个叉子宝宝走着走着就摔倒在地上，站起来一看，哎呀，他的衣服印在纸上了，好漂亮哇（教师出示叉子印画）……哇，原来叉子也可以画画呀！

### （二）出示各种叉子图片，欣赏讨论

教师引导幼儿仔细观察每种叉子的"笔触"，是叉子全部接触纸，还是叉子的某一部分接触纸，讨论每个作品的组合方式，以及都用到了什么材料，等等。

### （三）操作实践，幼儿创意作画，教师巡回指导

引导幼儿思考要画什么，都需要哪些材料，以及作画的先后顺序等，启发幼儿主动发现叉子绘画的作品特点，提醒幼儿创作时应注意的问题（如颜料一次不能蘸取太多，怎样才能将作品的线条拉长等创作技巧）。

### （四）作品展示

鼓励幼儿讲讲自己作品所用的材料和方法，培养幼儿的环保意识。

# "扇子创意制作坊"活动设计

## 一、设计意图

炎热的夏天，扇子作为人们最常用也是最环保方便的防暑降温工具，可以说老少皆宜，孩子们也有使用的经验。设计本次教学活动的目的是让幼儿通过制作扇子感受中国扇文化的魅力，同时提高幼儿大胆动手表现创造美的能力。

## 二、活动目标

1.通过活动，观赏多种多样的扇子，知道名称和用途。

2.能用画、剪、贴的方法制作团扇和折扇，并能大胆运用图案装饰扇面。

3.感受创作的快乐。

## 三、活动准备

PPT、扇面、卡纸、扇柄、彩笔、蜡笔、双面胶、胶水等。

## 四、活动过程

### （一）导入，讨论夏天乘凉的方式

教师：（播放幻灯片）现在是什么季节？

幼儿：夏天。

教师：天气这么炎热，我们怎么想办法凉快一下呢？

幼儿：开空调、开风扇、吃冷饮、扇扇子……

教师：你们说得真好！今天呀，老师给你们准备了好多关于扇子的图片，我们一起来看一下。（播放各种扇子的图片）

### （二）欣赏扇子，设计扇子

欣赏各种各样的扇子，并说一说扇子的名称和用途。

教师：今天，老师也带来了好多种扇子，我请小朋友们来参观一下，看看都是用什么材料做的。观察一下上面都有什么图案，请幼儿讨论。

（蒲草做的扇子、丝绢做的扇子、羽毛做的扇子、纸做的扇子、竹子做的扇子、塑料做的扇子等）

教师：看，这是什么扇子？（出示工艺装饰扇）它是用来扇风的吗？

幼儿：不是，它是挂着好看的扇子。

教师：是的，它用来美化我们的环境。这些扇子是不是很漂亮呀？你们想不想装饰一把漂亮的扇子？现在老师请你欣赏一下装饰好的工艺扇。

教师：现在老师这里还有许多要装饰的扇面，你们想不想试一试装饰一把漂亮的扇子？

幼儿：好想！

教师：那让我们动手制作一把自己喜欢的扇子。（幼儿制作、装饰扇子，教

师巡回指导）

**（三）结束部分**

请幼儿相互展示自己的扇子，说说自己是怎么设计的，美在哪里。互相讨论一下谁的扇子也很美，美在什么地方。

教师小结本次活动，把作品贴到主题墙上供幼儿欣赏。

# "泼出来的画" 活动设计

## 一、设计意图

本次活动目的是打破孩子们美术神秘的观念，让孩子们认识到，任何艺术活动都不是任意的，而是表达了艺术家的某种意图，让我们了解不同的艺术表现形式，进而更好地理解美术作品的意义。

## 二、活动目标

1. 让幼儿尝试利用已有的材料作画，并学会通过想象来描绘画面的内容。
2. 培养幼儿的想象力、创造力及讲述能力，使之萌发爱美和表现美的情趣。
3. 培养幼儿敢于大胆尝试的精神。

## 三、活动准备

1. 水粉颜料或国画颜料。
2. 宣纸、水粉画笔、棉签、小木棒、小勺子。
3. 玻璃或正方形瓷砖。

## 四、活动过程

### （一）通过欣赏作品引入主题

出示布娃娃玩偶，提问。

教师：小朋友们好，那天我到你们班做客的时候，看到小朋友都很会画画，你们能告诉老师都会画什么画吗？（通过提问，幼儿讲述已学画种）

教师：今天，我带来了一些很特别的画，想和小朋友一起欣赏。你们想看吗？（带幼儿欣赏"泼出来的画"，让幼儿发挥想象讲述画的内容，激发幼儿作画的兴趣）

教师：这些画好看吗？你们想不想尝试一下制作这种"泼出来的画"呢？

**（二）幼儿尝试第一次作画**

1.教师介绍作画的工具（宣纸、水粉颜料、正方形瓷砖、小勺子）。

2.让幼儿利用已有的材料进行第一次作画。

3.教师和幼儿一起评析第一次作画的成果。

**（三）幼儿尝试第二次作画**

1.教师小结第一次作画过程中存在的不足，提出第二次作画的要求。

2.教师示范，启发幼儿利用水粉画笔、棉签、小木棒等用具把画面绘制得更加好看。

3.告诉幼儿绘画时要注意泼上适量的水，让颜料和水任意流动，效果会更好。

4.幼儿进行第二次作画。

**（四）教师对活动进行小结**

让幼儿说说自己的画，发展幼儿的讲述能力，最后让幼儿把画带回家送给爸爸妈妈。

# "小水滴的跳动"活动设计

## 一、设计意图

水在幼儿日常生活中是必不可少的，发现水，运用水，用水来进行创意活动，既贴近幼儿的生活，又有助于拓展幼儿的经验，因此设计了本次活动。

## 二、活动目标

1.欣赏水滴、水纹的变化，尝试在水滴内想象添加各种水纹，添加情境。

2.感受水与我们生活的关系，萌发节约用水的意识。

### 三、活动准备

1. 材料准备：黑色线描笔、蜡笔。

2. 知识经验准备：了解水的用途，收集水滴、水纹的图片。

3. 教具准备：PPT、多媒体设备。

### 四、活动过程

**（一）听声音，观察水滴**

1. 教师：听，什么声音？原来是小水滴滴到水里发出的声音。小水滴晶莹剔透，真美！

2. 表现大水滴——大颗水滴落到水塘里，嘀嗒！嘀嗒！大水滴来到我们的画纸上。

3. 播放课件，尝试想象哪里的水滴——这水滴是哪里来的？水滴要去哪里？

4. 想象水滴的世界——小水滴落在了水池里、荷塘里、小溪里、水盆里……小水滴可以玩耍的地方非常多。发挥自己的想象，让小水滴去喜欢的地方玩。

**（二）通过情景想象作画**

小水滴的好朋友非常多，贝壳、小石头、小鱼都喜欢和小水滴做朋友，我们把它的好朋友画在画面中，这样小水滴就不寂寞啦。

提示：在背景中添画与水相关的故事、人物等。注意线不出头，首尾要接住。水滴的五官可以画成与水有关的物品，如水龙头是水爷爷的鼻子，雨伞是水滴宝宝的帽子，水纹的旁边还可以添画贝壳。

**（三）作品欣赏**

结合作品互相讲述有关水滴的故事。

1. 介绍水滴的世界。

小水滴落到了哪里呢？

有的是水滴妹妹，有的是水滴弟弟，它们忙碌地为我们服务，感谢小水滴们！

2. 小水滴大世界。

别小看了小水滴，许多小水滴聚在一起，汇聚成小溪，汇聚成小河，汇聚成湖泊，汇聚成大海，聚少成多力量大。

# "冰和雪" 活动设计

## 一、设计意图

大约在4岁，幼儿进入象征期，开始产生表现的意图，他们能够利用涂鸦期所掌握的图形表现经验将事物的特征表现出来。而画简单的直线、曲线、圆等图形也是对刚刚进入象征期幼儿提出的初步要求。本次活动前刚好下了大雪，教师则抓住这个机会以幼儿喜欢的"玩雪"为活动背景，以幼儿感兴趣的"堆雪人"为载体，更能激发幼儿参与活动的热情。

## 二、活动目标

1. 了解冬天的季节特点以及冬天里人们的运动，感受冬日的户外美景。
2. 在撕撕、贴贴、涂涂中表现冬天的场景，观察水油分离表现出的画面效果。
3. 体验用不同方式描绘冬天户外景色的乐趣。

## 三、活动准备

1. 材料准备：白纸、油画棒、水粉料、水粉笔。
2. 知识经验准备：幼儿观察冬天周围的景物发生了什么变化，如下雪了、结冰了等，拍摄幼儿冬天户外运动的照片。
3. 教具准备：展示照片的展板或PPT，在窗户和教室的墙面布置雪花、雪地里运动的图片。

## 四、活动过程

**（一）游戏导入，激发幼儿兴趣**

1. 创设情境，播放课件。

教师：冬爷爷给大家送来了一份礼物，看看是什么？原来是下雪啦！下雪啦，天空飘起了洁白的小雪花。

2.接雪花。

教师：我们接住小雪花，一朵、两朵，画纸上也落满了白色的雪花，白色的小雪花在跟你捉迷藏，现在我们还看不见它。

**（二）观察雪花舞动时的样子，用水油分离的方法表现**

提示：尝试水油分离的表现方法，观察画面效果。

教师：白白的雪花落在白色的纸上，什么都看不见。挥舞魔法棒，哗啦哗啦，变呀变呀，雪花的舞蹈真美啊！（请幼儿尝试涂色，发现水油分离的现象）

教师：变出了好多小雪花，真神奇！

教师：下雪天，你们会玩些什么？（播放课件）看，这些小朋友在做什么？

教师：冬天，我们可以在雪地里打雪仗、滑雪橇，还可以滑冰，冰和雪还可以用来做冰雕、雪雕。冬天的户外活动真丰富！让我们一起在冰雪中玩耍。

教师：在整张纸上画满各种运动姿态的小朋友，然后涂上漂亮的颜色，有的在打雪仗，有的在堆雪人。

**（三）幼儿创作，教师巡回指导**

教师：看，下雪天温度非常低，在屋檐下和树枝上，还有许多高高矮矮的冰块。（撕冰块雪人和玩耍的人物，再用油画棒添画一部分人物）

教师：冰块有长长的、方方的，还有奇形怪状的。撕出不同形状的冰块贴在画面上，还可以撕出大大的雪人。

**（四）展示交流**

1.介绍自己的作品。

2.歌唱《宝宝不怕冷》，结束活动。

教师：现在让我们也来运动运动，做个不怕冷的好宝宝！（播放歌曲《宝宝不怕冷》，幼儿边唱边跳）

# "染纸"活动设计

## 一、设计意图

本次活动的目的是使幼儿了解我们的民族，了解民间艺术，激发幼儿的民族自豪

感，发展幼儿对美的感悟力、鉴赏力、创造力，同时提高幼儿的综合素质。

## 二、活动目标

1. 初步了解染纸是中国特有的一种民间工艺美术，通过活动激发民族自豪感。

2. 尝试用多种折叠、点染的方法染纸，感受色彩、图案的千变万化和绚丽色彩。

3. 能大胆创作，增强对色彩变化和创作的乐趣。

## 三、活动准备

1. 已染好的纸。

2. 各色的颜料、托盘、棉棒、宣纸。

## 四、活动过程

### （一）教师出示各种染纸作品

1. 教师：今天，老师带来了许多非常奇特的美术作品跟你们分享，我们一起来欣赏一下吧。

2. 提问：小朋友，你们谁知道这些作品是怎样制作出来的？（请幼儿谈一谈）

3. 教师：它们不是画出来的，而是染出来的，那小朋友你们想不想也制作一张特别的染纸呢？我们一起来制作吧。

### （二）介绍材料和染纸的方法

1. 介绍材料：小朋友看我手里拿的是什么？宣纸。渲染用的材料有宣纸和各种水粉颜料，选用宣纸是因为它吸水力特别强。盘子里是水粉颜料，还有棉棒，这些都是染纸需要的材料。

2. 讲染纸方法：现在老师讲一下染纸的步骤，首先将宣纸折起来，折的方法有好多种，比如可将纸折成正方形、三角形、长方形等，这样可以染出各种不同的图案。今天主要学习对边折和对角折。折好后用棉棒蘸上水粉颜料，将颜料印到纸的一边上，马上拿起让颜料自然晕开。然后再染下一个边，每次染选择1～2种颜色。染好后将纸轻轻地打开，晾干即可。染角，它是指将纸的每个角都染上不同的颜色，染的步骤跟染边一样。第三种是边跟角都染，你可以染两个角、一个边，也可以染一个角、两个边。

**（三）幼儿操作，教师指导**

老师今天为小朋友准备了许多的"小手绢"，请所有的小朋友都来尝试一下，看谁染的"小手绢"最漂亮，小朋友愿意吗？在染之前有只小兔子要和小朋友说句话，一起来听听吧。（出示幻灯片）小朋友一起来染"小手绢"吧。

**（四）教师评价**

比一比看谁染得漂亮，让染得好的小朋友说说是怎么染的，用的什么方法。今天，小朋友都学会了渲染，而且染出了这么漂亮的"小手绢"，非常棒。放学后可以把你染好的"小手绢"送给爸爸妈妈。

# "镜子中的我"活动设计

## 一、设计意图

生活中，孩子们都很喜欢照镜子，看看自己和别人的不同，本次活动就是让幼儿在画画中由无意识绘画变成有意绘画的过程，体会创作的快乐。

## 二、活动目标

1. 仔细观察自己的五官特征。
2. 用白描的方法画出镜子里自己的样子。
3. 体验创作的快乐。

## 三、活动准备

1. 趣味练习：镜子里我的样子。
2. 工具准备：画纸、画笔、镜子。

## 四、活动过程

**（一）幼儿照镜子，说说和描画自己的五官**

1. 幼儿每人一面小镜子，照照自己的脸，和同伴说说自己长什么样，什么地方像妈妈，什么地方像爸爸。

2. 请个别幼儿说说自己的五官特征。

3. 请个别幼儿到前面，在卡纸上画画自己的五官。

**（二）观察自画像，幼儿自由讨论**

教师和幼儿边观察边总结五官特征。

脸：长脸、圆脸。

眼睛：大眼睛、小眼睛。

嘴：大嘴、小嘴。

耳朵：大耳朵、小耳朵。

鼻子：高鼻子、塌鼻子。

**（三）幼儿相互看看同伴的五官**

（略）

**（四）幼儿作画，教师巡回指导**

提醒幼儿边照镜子边画画。教师巡回指导幼儿绘画。

**（五）幼儿相互欣赏各自的自画像**

（略）

# "兔子躲猫猫" 活动设计

## 一、设计意图

一次和几个幼儿玩"躲猫猫"的游戏，幼儿都很兴奋，并有意犹未尽的感觉。于是，针对中班幼儿年龄特点，创设故事情境，设计了本次活动。

## 二、活动目标

1. 通过情境，了解遮挡关系的表现。

2. 初步认识色彩中的同类色。

3. 通过故事，构思绘画情节，培养绘画兴趣。

## 三、活动准备

黄色卡纸、彩色马克笔、剪好的圆形兔子眼睛、双面胶。

## 四、活动过程

### （一）情境导入

教师引导儿童回忆"兔子的特点"，即长长的耳朵、红红的眼睛、三瓣嘴等。

### （二）认识同类色

欣赏图片，初步感受色彩中的各种同类色。

### （三）幼儿作画

1. 采用部分遮挡构图的方式进行绘画（用"躲"来理解遮挡关系）。

2. 进行兔子的绘画时，着重强调大小布局和遮挡关系。

3. 选择同类色进行涂色，感受和谐的色彩搭配。

### （四）作品评赏

从儿童的作品中可以看出儿童的内心世界是五彩斑斓、充满奇思妙想的。画面的主体突出色彩关系和谐，画面比较美观、均衡。

# "海底世界"活动设计

## 一、设计意图

海底生物生活在充满神秘色彩的水下世界，孩子们往往会被吸引，对海底世界充满了好奇和向往。我根据我班孩子的年龄特点，设计了这次活动。通过绘画、剪贴的形式来实施教学活动，引导幼儿认识鱼的形状特征、色彩变化，发展幼儿的形象思维和创造思维，来抒发幼儿对海底世界的美好感情。

## 二、活动目标

1. 画出形状、大小、种类不同的鱼，尝试用线条变化来装饰小鱼。

2. 通过对海底世界动物——鱼的绘画来培养幼儿对美术的热爱。

## 三、活动准备

绘画笔、多媒体课件《海底世界》。

## 四、活动过程

### （一）观看视频，引出主题

教师：今天，老师带来了一段视频，请你们来欣赏一下，看看视频里面有什么，待会儿来告诉老师，小眼睛要仔细看哦！（教师播放《海底总动员》视频）

### （二）看海底世界鱼的图片，知道形状花纹的不同

教师：刚刚小朋友们在视频里看到了什么？（提问小朋友）你们想去海底旅游吗？（想）今天让我们坐着潜水艇去海底探险吧！来，准备好了吗？（准备好了）我们出发吧！（教师出示PPT）

教师：海底世界里生长着各种各样的鱼，种类非常多，每种鱼的身体形状和颜色花纹都不一样。有的鱼身体形状和花纹是对称的，有的鱼身体形状和花纹是不对称的。（教师带领幼儿观察每一条鱼的不同特征）

教师：我们看到了各式各样的鱼，它们身上有的有彩色的条纹，有的长着五颜六色的斑点，有的嘴长得像把剑，有的鱼长着翅膀，还有的鱼穿着漂亮的裙子呢。那么，你喜欢的鱼是什么样子的？

教师：让我们继续欣赏其他小朋友的画吧！小朋友画了一条大鱼，还有它的小伙伴，大鱼和它的小伙伴的身体上都有不同的花纹，鱼的周围还有海草、石头等。

### （三）幼儿创意绘画

教师：刚刚小朋友们都欣赏过漂亮的海底世界，现在，就把你们心目中的海底世界画出来吧！在操作之前，老师有一个小要求：老师为小朋友们准备了一首音乐，这段音乐放完了，你就要停下。

幼儿进行绘画。

教师巡回指导，鼓励能力弱的幼儿大胆想象。

### （四）活动结束

教师：小朋友们，音乐停下来了，请问小朋友们画完了吗？

### （五）活动延伸

教师：今天，我们是小画家，把漂亮的海底世界画了出来。现在，我们进

行比赛，我们邀请老师们来当评判员，看看哪位小朋友能得到评判员的奖品，好吗？请小朋友拿起你们的作品到老师这里排队，一个跟着一个哦！（请小朋友排队，教师带领幼儿进行欣赏）

# "七彩的画"活动设计

## 一、设计意图

以故事的形式引入，幼儿比较感兴趣。这节课的主要目的是指导幼儿尝试学习刮画，让幼儿创作。整节课下来，幼儿能够对刮画有一定的认识，掌握画、涂、刮的基本技能。

## 二、活动目标

1. 初步感知不同的画法，培养幼儿对绘画的兴趣。
2. 鼓励幼儿大胆尝试创作刮画，激发幼儿的创造力和想象力。
3. 感知蜡刻画的奇特效果。

## 三、活动准备

竹签若干、刮画纸若干、轻音乐、PPT。

## 四、活动过程

**（一）活动导入，引起幼儿兴趣**

小朋友，今天老师带你们去七彩世界。可是，七彩世界里有一个老巫婆，把整个世界都变成了黑色，小动物们哭得很伤心，哭声被仙女姐姐听到了，仙女姐姐就送给了我们每人一支魔术笔，帮小动物们把这个七彩的世界找回来。

**（二）欣赏成品画，幼儿学习刮蜡画方式**

1. 出示黑色画纸。
2. 幼儿自由发言。
3. 小结：如果我有一支魔术笔，我现在最想把菊花画出来，因为现在菊花会

开始了，我觉得菊花很漂亮，也可以设计出很多不同的造型，让人们去欣赏。所以我最想把菊花画出来。

4. 今天，我们就来学习一种新的画法，叫作"刮画"。刮画是怎样画出来的呢？

教师：刮画所用到的工具有竹签和刮画纸。

教师：讲解刮画的技巧与方法。（画、涂、刮的基本技能）

**（三）大胆尝试，自由创作**

1. 教师：现在请小朋友拿出有趣的画纸和魔术笔，把你最想画的七彩世界画出来。

2. 幼儿进行刮画创作活动，提醒幼儿注意构图，画面不能画得太满。

3. 在幼儿进行刮画创作过程中，教师巡回指导，鼓励幼儿大胆作画。

**（四）作品展示，幼儿互评**

把幼儿作品贴到展示栏中，相互欣赏、评价。

# "放烟花"活动设计

## 一、设计意图

幼儿在赞美烟火美丽的同时，对它充满好奇。我抓住幼儿的兴趣点，根据中班幼儿年龄特点，结合幼儿生活经验设计了美术活动"放烟花"。我创设情境，调动幼儿的兴趣及积极性；通过讨论用什么方式作画，激发幼儿的想象，提高其动手操作能力；用五颜六色的颜料作画，促使幼儿掌握正确的拖画方法。

## 二、活动目标

1. 通过活动，让幼儿了解绳子拖画的特征，能愉快地参与绳子拖画活动。

2. 尝试用不同的色彩，大胆地创作，以绳子拖画的形式拉出线条。

3. 体验创作的乐趣。

## 三、活动准备

颜料、桌布、棉绳和蓝色卡纸。

## 四、活动过程

### （一）创设情境，激发幼儿兴趣

教师：今天，老师带你们来到绘画王国，看看国王为我们准备了些什么？（引导幼儿观察作画材料）

提问：今天的画画材料和平时有什么不同？

### （二）幼儿根据生活经验进行联想，大胆表达

教师：这张深蓝色的纸，让你想到了什么？

（幼儿展开想象，教师给予认同和鼓励）用什么画画？你愿意尝试吗？

### （三）师幼共同探讨作画方法

教师：绘画国王要考考我们用棉绳和颜料怎么作画。

教师总结作画技巧：手握小拳头，蘸一蘸，躺下来，拉一下。

请个别幼儿尝试。看看，这张蓝色的纸在你们和我的共同努力下又添上了几笔，现在又让你想到了什么。

### （四）幼儿创作，教师巡回指导

鼓励换色，鼓励构图丰满，提升式总结：愿意换色，说明你心中已有想法了！只要你觉得美，那一定是最美的。

### （五）欣赏与联想幼儿作品

欣赏个别作品，说说自己的创作。

欣赏整体画面，问：你看到这幅画，想到了什么？（让幼儿大胆地说出自己的想法，进一步培养幼儿的想象力）

提问：这么多的颜色，可以用什么词语来表达？（学习"五颜六色""色彩缤纷"）

### （六）结束部分

播放轻音乐，让我们告别绘画王国一起去欣赏天空的美吧！

# "趣味拍虾"活动设计

## 一、设计意图

中班幼儿已有认识自己的手的经验，平时，幼儿也常用双手做事。通过活动激发幼儿的创意，使幼儿更深入地认识自己的双手，了解双手的作用，用添画的方法来发现手掌画的神奇。

## 二、活动目标

1. 观察虾的外形特征，感受和欣赏虾独特的形态美。
2. 尝试运用手掌侧面形态的变化进行创作，表现虾的不同形态并画出细节特征。

## 三、活动准备

圆形水粉纸、水粉颜料（较浓稠）、蜡笔、黑色马克笔。

## 四、活动过程

### （一）观察虾的外形特征

小朋友们，今天，老师要带你们去一个神秘、有趣的地方，你们听……这是哪里呀？你见过大海吗？在大海里生活的都有哪些动物呀？

今天，老师带你们认识一位来自大海的朋友，它的名字叫作——虾。

### （二）引导幼儿用自己的语言、动作描述虾的结构形态

说一说

1. 教师：和我们人类一样，虾的身体也是由许多部分组成的。它有头部、胸部、腹部和尾巴。小朋友们，你们还发现虾的身体有什么特别的部分吗？（教师总结眼睛、触角、步足、游泳足的位置和功能）

2. 教师：它身体的部位、大小有什么变化？（教师总结：头部大大的，尾巴小小的，从头到尾越来越小）

3. 今天，老师把我们的朋友——虾，从大海请到了咱们班，想不想和它们见

个面呀！你们瞧，它们来了。见了新朋友大家都很激动，这样吧！我们先一起从头到尾来介绍一下我们的新朋友吧！（它的名字叫作虾……再次总结描述，先强调颜色，如红色的身体，红色的足，黑色的眼睛，再说身体部位）

学一学

1. （游泳足用来游泳）教师：孩子们，老师很好奇，虾游泳的时候都有什么姿势？谁见过？和我们分享一下。你能模仿一下吗？

2. 老师前几天假期去了海边，拍下了许多虾游泳的照片想要分享给你们。我们一起来看看，确实和刚才小朋友见到的一样，大海的生活真的很有趣。（它们游泳时，有的身体直直的，有的身体弯弯的，有时喜欢自己去冒险，有时喜欢一起说悄悄话，也经常像我们的小朋友一样喜欢在一起做游戏）

**（三）幼儿通过拍、画表现虾的各种形态特征**

教师：孩子们，今天我们认识了新朋友，你们想不想也用拍照的方法留住这份美好的回忆？真巧，陈老师新发明一种快速拍照法，你们瞧！

1. 这是谁的照片，你们怎么看出来的？（头部大、尾部小）还想看吗？睁大眼睛仔细瞧！

2. 这两张照片一样吗？

3. 你们看，照片拍得完整吗？还少了什么？

原来呀，一张完整又美丽的照片，不但需要我们用手来拍，还需要我们画出细节。

4. 孩子们，想不想试一试老师的快速拍照法呀？开始之前，我还有一个秘诀要告诉你们。很重要哦，请你仔细听：手掌侧面轻轻蘸颜料，然后快速地拍在纸上。陈老师为大家准备了"拍照"工具，接下来就请你为你眼前的好朋友——虾，多拍几张不同姿势的美丽的照片吧！（用蜡笔等进行修饰）

**（四）交流与分享，培养幼儿对大自然的热爱之情**

孩子们，我们一起来看看我们的照片吧！有好多不同形态的虾呀！谁来介绍一下你的照片里，小虾在做什么。

每位小朋友都创作出了独一无二的作品，记录了一个个美好的瞬间，相信今天我们一起为小虾拍照，也会成为我们美好的回忆。好了孩子们，整理一下我们的物品放回原位，然后拿着作品和你的小伙伴一起聊聊你们的新朋友吧。

# "有趣的树叶粘贴" 活动设计

## 一、设计意图

晨间活动时带幼儿在园里散步，看见地上有许多落叶，幼儿捡起来，开心极了。"这树叶像小船""这树叶像小伞""这树叶像小桃"，孩子们七嘴八舌地说开了。看见孩子们对地上的落叶如此有兴趣，我为何不抓住孩子的兴趣点带幼儿进行一次树叶粘贴活动呢？这样既可以让幼儿以树叶为材料进行艺术创造，发挥幼儿的想象力和创造力，又能让幼儿从情感上对秋天有更深层次的认识。于是我就设计了《有趣的树叶粘贴》活动。

## 二、活动目标

1. 用树叶拼贴出一幅比较完整的画，提升动手操作能力。
2. 充分发挥想象将树叶变形，发展组合造型能力。
3. 体验创作的乐趣，增强创作能力。

## 三、活动准备

1. PPT、教师收集各种形状大小的叶子。
2. 乳胶、剪刀、纸，一人一份。

## 四、活动过程

**（一）图片导入，引发兴趣**

教师：小朋友们，秋风婆婆给我们送来了礼物，你们猜猜是什么？（幼儿小声讨论，教师出示图片）

**（二）引导幼儿剪贴树叶，启发想象**

教师：它们长得各式各样，有的大有的小，还有各种各样的颜色。你们看这片树叶，它像什么？

教师：小树叶不但漂亮，还会变魔术呢？下面我们一起来变个小魔术，将各种各样的小树叶变成一幅画。

教师：瞧，魔术师把树叶变成了什么？（播放许许多多的图片，有动物、人物、小船）

教师：秋风婆婆要我们小朋友也来做一回魔术师，把这些树叶变成你们喜欢的东西，做成一部作品。

**（三）幼儿操作、教师指导**

教师：我给每个小朋友准备了剪刀、纸、树叶。请你们运用大小不同、颜色不同的树叶，可以用剪刀剪剪贴贴，拼出你们想要的样子，操作的时候一定要小心剪刀不要伤到手！（帮助能力较差的幼儿，指导他们构图）

**（四）评价幼儿作品**

教师：请把你们的作品拿给秋风婆婆看一看，跟她介绍介绍。

# "美丽的星空"活动设计

## 一、设计意图

幼儿美术的价值在于它能激发情趣，激活兴趣，培养幼儿的创新意识，赋予幼儿满足感和成就感。夜晚的天空神秘美丽，闪烁的星星像一只只明亮的眼睛，点点光芒融合在一起，是多么绚丽多彩，美丽的星空对于孩子们充满着神奇和幻想。设计本次活动，目的是让幼儿感知色彩的变化，体验创作星空的乐趣。

## 二、活动目标

1. 欣赏美丽的星空，产生创作星空的欲望。
2. 尝试用各种刷子蘸颜料在筷子上摩擦，使颜料喷洒成画的方法。
3. 体验用喷洒、粘贴等方法创作星空的乐趣。

## 三、活动准备

1. 有关星空的音乐：《安妮的仙境》《小星星变奏曲》《小星星》《睡眠曲》。

2. 教师操作材料：刷子、筷子、黄色颜料、装饰的星星和月亮、胶水。

3. 幼儿操作材料：8个盒子装浇水、8个盒子装星星月亮、8块抹布、刷子和筷子各31把、8盘黄颜料、8盘橘红颜料、8盘白颜料。

## 四、活动过程

### （一）情境欣赏，感受美丽星空

教师：小朋友们，你们看过星星吗？它是怎么样的？（闪闪的，亮亮的）今天，我带你们去美丽的星星世界走一走好吗？

教师：你们看，一个美丽的夜晚，星星们在快乐地跳着舞，月亮在旁边轻轻唱着歌。满天的星星，好像在和我们说着悄悄话呢！我们也来跳舞唱歌吧！"一闪一闪亮晶晶，满天都是小星星"（配合优美的动作）你们喜欢这样的星空吗？

### （二）示范演示，激发幼儿创作

教师：这么多美丽的星星，真想把它们请下来到我们这里来做客！咦？有什么办法能把它们请下来呢？（幼儿自由回答）

教师：（想办法的样子）别急别急，我请我的筷子朋友和我的刷子朋友帮帮忙，它们只要挠挠背就能让星星飞到这里来，你们信吗？（不信）不信我们来试试看，我们让筷子朋友站起来，不是让它躺下来哦！（教师示范）然后请刷子朋友在它的背上挠挠背，哈哈，不是在肚子上哦！（教师示范）来，我们一起来试一试。（师幼徒手练习）

教师：好了，现在让我的朋友们一边挠背一边把星星请下来，不过挠背前先给我的刷子朋友喝口水。开始"挠背"了，12345678，哇，星星出来了，换个地方挠一挠，你们也跟我一起挠吧，准备好了吗？要用力挠。12345678，哎呀，刷子有点累了，再去给它喝口水吧，12345678，你看，哇，好漂亮的星星呀！它们还请来了大星星，我们用手指蘸胶水把它们粘到上面去。你们看，这下它们都来做客了，（掀开盖住的画）变成了一幅非常好看的星空图。赶紧给筷子和刷子朋友鼓鼓掌吧。

教师：你们想不想让星星飞到你们这里来做客呢？那就快让筷子和刷子朋友帮帮忙吧！

### （三）集体欣赏，体验创作的乐趣

教师：星星都请下来了吗？我们和星星一起跳个舞吧。嘘！星星要休息了，我们也悄悄地和它们说再见吧。

# "妈妈的葡萄"活动设计

## 一、设计意图

中班孩子情绪基本稳定，但在绘画方面，还需要进一步提高，如果让他们拿笔独立画出一幅美丽的画，还是有一定难度的。那么，怎样让孩子对美术活动感兴趣呢？怎样让孩子从美术活动中体会到成功感呢？我运用瓶盖印画的方法，印出的作品，色彩鲜艳，装饰性强，容易让孩子体会到成功感。所以我选择了这一活动内容，希望孩子获得一定的成就感，从而激发孩子对美术活动的兴趣，让孩子在愉快、轻松、自由的游戏中自娱自乐，在玩中学，在玩中发展能力。

## 二、活动目标

1. 尝试运用瓶盖进行绘画，体验特殊材料作画的兴趣。

2. 在语言"葡萄种在叶子下，一个一个排好队"的帮助下，能在指定范围内压印出整串葡萄。

3. 与同伴相互合作，体验共同创作的乐趣。

## 三、活动准备

1. 大小不同的瓶盖若干，已调好的紫色、绿色的水粉颜料若干。

2.《妈妈的葡萄》课件。

3. 布置好的"葡萄园"。

## 四、活动过程

### （一）谈话导入，引出故事《妈妈的葡萄》

轻放音乐，和小朋友聊一聊妈妈的事情（体现出妈妈爱宝宝、宝宝爱妈妈的情感）。

教师：妈妈都是爱宝宝的，小狐狸的妈妈也很爱它，让我们来看看发生了什么事？

**（二）讲述故事，以PPT的方式帮助幼儿理解故事内容**

1. 教师边出示PPT，边动情地讲述故事。

2. 用提问来帮助幼儿进一步了解故事的发展。

狐狸妈妈想给狐狸宝宝找什么好吃的？找到好吃的了吗？

妈妈在树下休息的时候遇见了谁？狐狸宝宝吃到妈妈找的好吃的了吗？狐狸妈妈怎么了？

3. 教师总结：狐狸妈妈为了给狐狸宝宝找东西吃遇到了危险被坏人杀死了，很可怜。让我们一起来帮助小狐狸，建造一个葡萄园，让小狐狸再也不会饿肚子，好吗？

**（三）教师边示范边讲解瓶盖的用法**

1. 介绍大小不同的瓶盖，并说明可以印出大小不同的葡萄。

认识瓶盖，想一想用瓶盖的哪一面能印压出葡萄的样子。

2. 介绍紫色和绿色，说明可以印出多种颜色的葡萄，认识颜色，知道葡萄一般有紫色和绿色两种。

3. 任选一个瓶盖，用手指捏着，任意蘸一种颜色的颜料，把它放在纸上按一下，一个有颜色的葡萄就出现了。

4. 教师示范：用儿歌的形式帮助幼儿掌握压印的方法。儿歌：小瓶盖，手中拿，按一下，拧一拧，葡萄种在叶子下，一个一个排好队，上面大，下面小，我的葡萄种好了。

**（四）教师交代要求，幼儿自由选择、协调运用材料操作，教师巡回指导（播放抒情的音乐）**

1. 教师引导幼儿用瓶盖在"葡萄园"里印出美丽的葡萄。

强调葡萄要种在叶子下，不能到处乱种。哪里有叶子，葡萄就种哪里。提醒幼儿换颜色时，一定要拿干净的瓶盖重新蘸颜料。

2. 幼儿操作，可以几个幼儿合作压印一串葡萄。

**（五）展示美丽的"葡萄园"**

大家一起来看一看，评一评，哪串葡萄最好看，小狐狸最喜欢。

# 中国画

## 活动设计

# "吴作人作品赏析——《熊猫竹石图》"活动设计

## 一、设计意图

中国画欣赏是美术欣赏的一种，有着美术欣赏共有的特点，同时又别于其他的艺术形式。而目前的艺术欣赏（中国画欣赏）是儿童艺术中备受冷落、忽视的一部分。教师一味地讲解作品的知识、技能、趣闻逸事，而缺少幼儿自身对国画作品的深入体验、独特感受和把握，使得有限的国画欣赏教育缺乏特有的魅力，而不能有效地吸引儿童。儿童是天生的艺术家，通过与大师作品的经常性接触、对话、欣赏，儿童在不知不觉中吸收了大师的构图、线条、作画方式、对色彩的运用、画面的总体感觉，甚至某些艺术的语言，在潜移默化地滋润着孩子们的心灵世界，提高他们的艺术感觉及综合艺术素养。本次活动一方面是对国画进行继续传承，激发幼儿对国画的了解和喜爱，另一方面是探索出一条适合幼儿欣赏美术作品的有效途径。

## 二、活动目标

1.欣赏吴作人笔下的熊猫活泼、可爱的姿态。
2.尝试用语言、动作来表现熊猫的不同姿态。
3.感知国画的魅力，增强对熊猫的喜爱之情。

## 三、活动准备

1.教具准备：作品《熊猫竹石图》、各种姿态的熊猫图片。
2.材料准备：竹子背景图、墨水、毛笔等。

## 四、活动过程

### （一）猜图导入，引起兴趣

教师：老师带来一只小动物，请你猜猜是谁？（PPT出示熊猫）

教师小结：哦，原来是熊猫。熊猫还是我们国家特有的动物，是我们的国宝哦！

### （二）欣赏名画，感受水墨之韵

1.了解水墨画。

教师：今天，老师带来了一幅画，请你来看看这幅画和我们平时画的画有什么不一样的地方？

教师小结：这种画叫水墨画，是用墨汁、水相互调和然后用毛笔画出来的。这种画只有我们中国才有，我们称为国画。

2.欣赏《熊猫竹石图》。

教师：在作品中你看到了什么？

教师小结：作品中有竹子、熊猫、岩石等，所以这幅作品的名字就叫《熊猫竹石图》。这两只熊猫长得怎样？（毛茸茸、胖乎乎、黑白相间）这两只熊猫在干什么？它们会说些什么呢？还可能做些什么呢？

教师小结：画家爷爷用淡墨勾画了熊猫的轮廓，用浓墨画出了熊猫的四肢、耳朵、眼睛，黑白分明，熊猫胖乎乎、毛茸茸的非常可爱。

### （三）欣赏不同姿态的熊猫

教师：看，我这儿还有熊猫图呢，我们一起来欣赏一下吧。

教师：这些熊猫在干什么啊？（吃竹叶）它们是怎样吃的呀？这些熊猫又在干什么呢？（玩耍、睡觉）在这些画中你最喜欢哪一幅？你可以用动作来表现一下吗？

教师小结：刚才我们欣赏了很多的熊猫作品，而且都是水墨画。这些作品都是一位叫吴作人的画家画的。其实这位画家还画了许多其他的水墨画，我们回家一起收集一下吧。

### （四）教师引导幼儿大胆创作

教师：今天，老师也给你们准备了一幅有着竹林的背景图，但是上面没有可爱的熊猫，请你去把熊猫添画在上面吧。

### （五）相互欣赏，拓展思维

1.展示幼儿作品，相互欣赏，说说自己最喜欢的作品，并说说为什么。

2.欣赏水墨画在生活中的运用。

教师：小朋友画的熊猫真可爱！还有很多喜欢水墨画的人把它们运用到了我们的生活中，我们一起来欣赏一下吧。

# "文房四宝"活动设计

## 一、设计意图

国画作为我国的传统艺术，是中华民族文化的瑰宝。幼儿第一次接触国画，主要是接触国画的工具，感知国画的特性。提供文房四宝，使幼儿通过观察、模仿初步尝试用笔、用水的技巧，从而培养幼儿对国画艺术的兴趣。

## 二、活动目标

1.通过观察文房四宝的图片知道什么是文房四宝。

2.在感知和体验的过程中知道文房四宝的作用和使用方法。

3.感受国画的魅力，能够大胆地想象和创作。

## 三、活动准备

1.课前收集文房四宝相关资料、实物等。

2.名画欣赏PPT、文房四宝flash课件、作画步骤视频片段。每组一瓶墨水、一个盘子（里面装有水）、宣纸、彩纸做成的卷轴，废报纸铺在操作桌上，旧毛巾一组一条。自制的蔬菜印章、印泥（人手一个）。

## 四、活动过程

### （一）参观书画王国，引出文房四宝

教师：今天，老师想邀请大家到书画王国里去参观，我们一起去看一看书画王国里都有什么吧！（边听古典音乐边参观书画王国，引发幼儿兴趣，幼儿自由欣赏，初步感受书画美）

教师：你们在书画王国里看到了什么？我们欣赏了这几幅很非凡的字画，你

们知道叫什么吗？它们用的材料是我们中国人发明的，如果想要写出或画出这些漂亮的中国书画需要哪些材料呢？

**（二）教师提供文房四宝的实物，引导幼儿观察，知道文房四宝的用途**

教师：笔墨纸砚在一起有一个很好听的名字叫文房四宝，它是咱们中国人发明的。咱们中国人真是了不起，我为中国人感到骄傲！好，孩子们看大屏幕，我们一起来了解什么是文房四宝。（观看文房四宝课件）

教师：关于文房四宝老师还有很多问题没有弄明白，孩子们能帮助老师寻找答案吗？我们分成毛笔组、宣纸组和墨砚组分别去寻找答案，然后一起来分享我们找到的答案。

教师：毛笔上的毛是用什么做的？（动物的毛做成笔头，有兔毫、狼毫、羊毫等，用竹子做成笔杆）

教师：宣纸和我们普通的画纸有什么不同？（宣纸薄薄的、软软的、轻轻的，有很强的吸水性）

教师：墨是什么颜色的？它怎样磨出墨汁？（墨是黑黑的小棒，只有跟它的好朋友砚台一起才能磨出黑黑的墨汁）

教师：砚台是用什么做的？用来干什么？（石头做的，用来研墨）

**（三）欣赏水墨画**

教师：刚才我们认识了文房四宝，用文房四宝画出的画叫中国画，也叫水墨画。

教师：2008年北京奥运会开幕式中有一个节目叫"画卷"，演员们用手臂代替毛笔，向全世界的人们展示了一幅精彩的水墨画。我们一起来欣赏。（欣赏奥运会开幕式视频片段）

教师：中国的文房四宝可以画出那么美的中国画。从古到今，出现了很多有名的大画家，今天，老师向大家介绍几位，来，我们一起看看。（欣赏中国画名家名作PPT）

教师：孩子们，你们能看出画面中颜色的变化吗？水墨画中墨色的"浓淡干湿"，让画面变得丰富和美妙。（提示：颜色深—浓；颜色浅—淡；水分少—干；水分多—湿；并依次出现"浓淡干湿"四个字）欣赏了这么多水墨画，孩子们最想用一个什么词语来表达？

**（四）尝试画国画**

我们熟悉了文房四宝，想不想用文房四宝来作画？我们一起来试一试吧！

幼儿尝试作画，老师巡回指导。

**（五）作品展示，相互欣赏**

教师：小朋友们今天都创作了属于自己的作品，你们都用了什么方法呢？谁能来说一说？

教师引导幼儿进行自我评价。

**（六）活动结束**

教师：你们真了不起，这么短的时间里就学会画水墨画！让我们也学着北京奥运会开幕式的演员们用手臂代替毛笔，向老师们展示一幅精彩的水墨画来放松放松我们的小胳膊吧！

# "太阳树"活动设计

## 一、设计意图

设计此节教学活动的初衷主要是让幼儿能够由浅入深地了解国画绘画的方法，所以在本节教学活动中鼓励能够尝试用直线、曲线、螺旋线以及线条的长短变化方法来表现太阳的光芒，掌握正确的握笔姿势，学习用毛笔画出各种线条，激发幼儿对国画绘画的兴趣。

## 二、活动目标

1. 巩固正确的握笔姿势，学习用毛笔画各种线条。
2. 尝试用直线、曲线、螺旋线以及线条的长短变化表现太阳的光芒。
3. 注意保持衣物洁净，养成良好的作画习惯。

## 三、活动准备

1. 歌曲《种太阳》。
2. 幼儿人手一份画好树干的作业纸。
3. 毛笔、颜料、颜料盘、海绵印章。

## 四、活动过程

**（一）播放歌曲《种太阳》，激发幼儿的创作兴趣**

教师：你想种一个什么样的太阳呢？它会发出什么样的光芒？

**（二）师幼共同探索、讨论"太阳树"的画法**

1. 教师出示画有树干的作业纸。

教师：太阳树长出来了，可是太阳呢？我们来给它添上太阳吧！

2. 教师出示海绵印章、毛笔，与幼儿一起讨论作画方法。

3. 教师示范，幼儿观察海绵印章及毛笔的用法。

教师：用海绵印章画太阳，用毛笔画太阳的光芒。可以用直线、波浪线、螺旋线等不同的线条来画光芒。

**（三）教师介绍作画材料，并交代作画常规**

1. 教师逐一介绍作画材料，指导幼儿使用后放回原处。

教师：今天，老师准备了毛笔、海绵印章、纸和颜料。画完后我们要将这些工具和材料送回它们的家。

2. 幼儿作画，教师指导。

提醒幼儿注意握笔姿势，学习用毛笔画各种线条。

**（四）欣赏作品，教师评价、总结**

教师：你画的太阳一样吗？你画的太阳准备送给谁？

有意识地帮助幼儿巩固对各种线条的认识和表现。

教师：你用了几种线条来画太阳？是怎样画的？

**（五）歌曲表演"种太阳"**

幼儿随歌曲《种太阳》自由舞蹈，结束活动。

# "彩色的树林"活动设计

## 一、设计意图

艺术是人类感受美、表现美和创造美的重要形式，也是表达自己对周围世界的认识和情绪态度的特有方式。秋天是一个多彩的季节，五彩缤纷的树叶真像一幅彩色的画卷，为幼儿提供了广阔的创造空间。此节教学活动以秋天的树为切入点，引导幼儿通过丰富的色彩表达对秋天的认识。

## 二、活动目标

1. 在观察、欣赏图片的基础上，感受画面色彩和意境之美。
2. 尝试运用中锋点出树叶，进一步巩固调色和舔笔的基本操作方法。
3. 敢于大胆表达自己对画面的理解和感受。

## 三、活动准备

1. 经验准备：在活动前幼儿到户外观察多种树木，知道树叶颜色的多样性。
2. 课件准备：彩色的树林PPT。
3. 材料准备：毛笔每人两支、宣纸、颜料、墨水、调色盘、抹布。

## 四、活动过程

**（一）调动幼儿已有经验，引导幼儿回忆和描述所看到的树叶**

教师：你们以前看到过的树是什么样子的？树叶长在哪里？树叶又是什么样子、什么颜色的呢？

教师：树木有高有低，有粗有细。树叶有很多种形状，有的大，有的小，有红的、绿的、黄的……

**（二）师幼共同欣赏课件，感受树叶丰富的色彩，体会画面的意境**

教师：今天，老师带来了一些树林的图片，请你们仔细看看，这些树的树叶是什么颜色、什么样子的？你喜欢哪一幅？这片树林的树叶看起来怎样？如果你走进这片树林，会有什么感觉？

教师小结：树叶有很多不同的颜色，即使是绿色也有深浅差别。远远地看上去，树林里的树叶就像一个个小点点。

**（三）幼儿创作，教师指导**

教师：我这里有一片光秃秃的树林，请你们给它们添上漂亮的树叶吧！

教师指导幼儿使用中号笔，运用中锋点画出树叶（顺锋用笔，由左向右按）。提醒幼儿要将毛笔上的颜色洗干净以后再换另外一种颜色。

**(四)集体欣赏、评价**

教师：你最喜欢哪一片树林？为什么？说说你的看法。

# "美丽的小花"活动设计

## 一、设计意图

幼儿园美术教学活动过程既包括幼儿由外而内的感受和体验，也包括幼儿由内而外的创作和表达。本次活动正是按照这样的思路展现幼儿在教学活动中自主感受、自主体验、自主探究、自主学习的过程。

## 二、活动目标

1.通过观察小花图片，感知小花的外形特征和色彩。
2.尝试运用多种色彩，用点画法表现花蕊、花瓣和叶子。
3.鼓励幼儿大胆地创作小花，感受绘画的乐趣。

## 三、活动准备

1.教具课件：各种花卉的图片。
2.材料准备：毛笔每人两支、宣纸、颜料、墨水、调色盘、抹布。

## 四、活动过程

**(一)播放课件，师幼一起欣赏各种花卉的图片**

教师：这是什么花？是什么颜色的？花瓣是什么样子的？花瓣长在什么地方？（长在花蕊的周围，围成一个圈）

教师：这一片红色的花瓣看上去怎么样？心里有什么感觉？白色的呢？

**(二)师幼共同讨论创作方法**

教师：这些花的花瓣有什么不一样？尖花瓣的花怎么画？圆花瓣的花怎么画？

教师小结：花蕊画好以后，笔肚朝里，围着花蕊按，就可以画出尖花瓣的花；花蕊画好以后，笔尖朝里，围着花蕊按，就可以画出圆花瓣的花。

提示：此处可以综合运用各种点来画花瓣。

**（三）鼓励幼儿运用不同的色彩进行创作**

教师出示国画工具材料，鼓励幼儿运用不同的笔和各种颜色进行绘画。

教师小结：毛笔宝宝可以画花蕊和小的花，毛笔妈妈可以画大一些的花，毛笔爸爸可以画更大的花或叶子。用过一种颜色后，要将毛笔洗干净才能换另外一种颜色继续画花。舔笔时要注意把颜料舔开。

**（四）集体欣赏、交流幼儿作品**

1. 幼儿互相欣赏同伴的作品，说说自己画的是什么样的花。

2. 学习洗自己的笔和换好干净的水。

3. 引导幼儿从花的色彩和不同的外形来评价作品。

# "向日葵"活动设计

## 一、设计意图

凡·高的《向日葵》是经典中的经典，幼儿可以通过欣赏凡·高的作品感受画面的布局、颜色，以及所要表达的情感。设计此次活动，旨在培养幼儿的欣赏与观察能力，让幼儿尝试用中锋画圆、侧锋染色的方法画出向日葵的花盘。

## 二、活动目标

1. 通过图片，观察向日葵的外形特征，感知向日葵的生长结构。（活动重点）

2. 尝试用毛笔中锋画圆、侧锋染色的方法画出向日葵的花盘，并用点按的方法画出花心。

3. 在创作结束后，能将笔、调色盘等洗净，并放回指定位置。

## 三、活动准备

1. 课间准备：教师准备向日葵不同形态的图片。

2. 材料准备：毛笔每人两支、宣纸、颜料、墨水、调色盘、抹布。

## 四、活动过程

**（一）师幼共同欣赏向日葵图片，感受大面积的向日葵给人带来的视觉冲击**

教师：小朋友们，你们见过向日葵吗？知道向日葵长什么样子吗？我们一起来看一看吧。

教师：你看到向日葵是什么感觉呢？花瓣是什么颜色？什么形状？花蕊又是什么样子、什么颜色呢？（向日葵是黄颜色的，花蕊是褐色的，有的是绿色的）

**（二）师幼共同讨论创作方法**

教师：我们看到的向日葵上下分为几个部分呢？（引导幼儿说出花、茎、叶等）

教师：画向日葵时，我们需要用到哪几种颜色呢？谁能来说一说？

教师：用大白云中锋勾线画圆表示花盘，再染色；用笔肚朝花盘同着花盘按一圈，画出花瓣；用小勾线笔蘸浓墨点画出花蕊。

**（三）教师鼓励幼儿大胆创作**

教师：刚才我们了解了向日葵的画法，接下来请大家运用面前的画画工具，大胆地进行绘画吧！绘画时注意颜料卫生哟！

**（四）集体欣赏、交流幼儿的作品**

教师：小朋友们今天都创作了属于自己的作品，你都用了什么方法呢？谁能来说一说？

教师引导幼儿进行自我评价。

# "一瓶花"活动设计

## 一、设计意图

春天是花的季节，花的海洋。如何让幼儿感受花的美、表现花的美，需要老师进行积极有效的引导，主要引导小朋友观察花的结构（花瓣、花蕊、花梗的形状与色彩）与花的形态（花的高低、前后、大小），在此基础上感受美丽的鲜花

并进行色彩搭配，能够迁移已有的"点""点拖""点按"等经验，并运用勾线法进行创作。

## 二、活动目标

1. 欣赏、感受瓶与花的色彩搭配方式。

2. 能够迁移已有的"点""点拖""点按"等经验，并运用勾线法进行创作。

3. 保持正确的作画姿势，活动结束后能主动收拾整理相关的工具材料。

## 三、活动准备

1. 课件：瓶花图片多幅。

2. 国画工具材料。

## 四、活动过程

**（一）教师播放课件，师幼共同欣赏一组瓶花图片**

教师：看了这些美丽的花，你有什么感觉？（整体感知）

教师：花瓶里都是一种花吗？是什么花？都有哪些好看的颜色？（了解花的种类和颜色搭配特点）

**（二）师幼共同讨论、探索瓶花的创作方法**

教师：各种不同的花可以怎么画？用什么方法？使用什么笔合适？（幼儿集体讨论并尝试）

**（三）幼儿创作，教师指导**

点拖法的运用：中锋画点并向外拖。鼓励幼儿运用不同的绘画工具和多种色彩进行创作。

**（四）集体欣赏、交流幼儿作品**

教师：你喜欢哪瓶花？为什么？这幅画上画的是什么花？是用什么方法画的？

引导幼儿从花的形状和色彩搭配来评价作品。

# "小鸡"活动设计

## 一、设计意图

我们在发展幼儿绘画能力时，要培养孩子用不同的材料尽心进行绘画，培养孩子对绘画的兴趣，提高孩子的审美能力。中班幼儿的思维以具体形象思维为主，他们观察事物的能力也有了明显的提高，能在成人的启发指导下找出事物的特征和规律。而小鸡则是生活中孩子们常见的小动物，外形可爱，很容易吸引幼儿的眼球，结合幼儿年龄特点和兴趣爱好，我设计了本节教学活动。

## 二、活动目标

1. 学习用两笔画圆的方法画出小鸡的身体，并添画出细节。
2. 尝试画出小鸡毛茸茸的身体和生动的形态。
3. 能专注地进行国画创作活动，大胆地表达自己的想法。

## 三、活动准备

1. 实物小鸡，齐白石的作品《加官图》。
2. 国画工具材料。

## 四、活动过程

**（一）谜语导入，欣赏实物小鸡**

教师说谜语：小宝宝，真可爱，嘴儿尖尖，毛茸茸，走起路来叽叽叫，爱到草地捉虫吃。

由谜语引出实物小鸟。

**（二）欣赏国画作品《加官图》**

教师：你看到的鸡在干什么？这只鸡好像在说什么？画家除了鸡还画了什么？你能看出这幅画是用什么画的吗？怎么样呢？

教师：你觉得这只鸡可能会做哪些事？要怎么画呢？

**（三）幼儿进行国画创作，教师指导**

教师：刚才我们仔细观察了小鸡的各种形态和外形特征，接下来把自己想画的小鸡画下来吧。

指导幼儿用大小不同的两个圆画出小鸡实体，再添加其他细节。

**（四）集体欣赏、评价幼儿作品，引导幼儿关注不同动态的作品**

教师：你画的小鸡在干什么？你最喜欢哪只小鸡？它在干什么？

# "家乡水墨画"活动设计

## 一、设计意图

《3—6岁儿童学习与发展指南》指出，要为幼儿创设丰富的绘画条件，运用不同的绘画形式鼓励幼儿大胆地创作。此节活动通过欣赏学习传统的中国山水画，学习了解山水画的主要表现内容和绘画的主要特点，初步体验中国画的用笔、用色，以此表现树、石、山、建筑、人物的基本方法和艺术特色。尝试运用中锋与侧锋表现山峰、溪水、小桥等景物，体验水墨画带来的快乐与成功，萌发热爱家乡之情。

## 二、活动目标

1. 知道武夷山各个风景的特点，能简单画出自己喜欢的家乡某一风景的特点。

2. 尝试运用中锋与侧锋表现山峰、溪水、小桥等景物。

3. 体验水墨画带来的快乐与成功，萌发热爱家乡之情。

## 三、活动准备

1. 课件、作品图片、音乐。

2. 水墨画用具：毛笔、宣纸、涮笔筒、毛毡、抹布、水桶、国画颜料、墨汁。

## 四、活动过程

**（一）赏一赏，了解武夷山各个景点的特点**

1. 谈话导入。

教师：小朋友，我们认识了武夷山的各个景点，你喜欢自己的家乡吗？为什么？你最喜欢哪个地方？

2. 幼儿讲述自己最喜欢的一个地方，并说出它的特点。

**（二）画一画，掌握水墨画中锋与侧锋的绘画技巧**

1. 通过欣赏，了解水墨画中画山峰的特点。

展示名人名画，讨论风景水墨画的特点。

教师：这幅画里有几座山？这些山是怎样排列的？山的轮廓用什么墨表现？山的褶皱怎样表现？岩石较多的山应怎样表现出来？近处的山和远处的山有什么不同？用什么样的墨来表现？山和山之间可以画些什么把它们变成一幅完整的画？

教师小结：山峰可以远近不同，近处的山用浓墨，远处的山用淡墨。岩石多的山要表现出棱角，土质多的山可以用比较圆滑的线表现。山和山之间可用云雾或九曲溪连接起来变成一幅画。

2. 通过示范，学习感知中锋与侧锋的运用。

巩固握笔知识、学习中锋与侧锋。

绘画小儿歌：笔尖立起来，线条会变细，这就是中锋；笔肚倒下来，线条会变粗，这就是侧锋。

运用中锋与侧锋示范描山峰和房子等景物。

3. 通过儿歌掌握作画要求。

规则小儿歌：竖起小毛笔，轻轻蘸墨汁，和盘子亲一亲，毛发缕缕尖，开始动手画。

幼儿作画，教师巡回指导，提醒幼儿注意卫生，画面整洁。

小结：把这些山峰、小桥、房子合起来画一画，把它们变成一幅美丽的风景画。

**（三）评一评，体验水墨画作画的快乐**

教师：小朋友们今天都创作了属于自己的作品，你们都用了什么方法呢？谁能来说一说？

教师引导幼儿进行自我评价。

# "鱼儿水中游"活动设计

## 一、设计意图

幼儿极其喜爱小金鱼这样的小动物，本节活动通过欣赏、感受画面中小鱼轻盈的体态和自由愉快的意境，使幼儿产生对动物的兴趣，了解动物的习性，并愿意亲近小动物，加深对动物的关爱之情。

## 二、活动目标

1. 欣赏、感受画面中小鱼轻盈的体态和自由愉快的意境。
2. 运用水墨画的形式，尝试用先按后提的方法画小鱼。
3. 完成自己的作品后能安静等待，小声和同伴交流对作品的理解。

## 三、活动准备

1. 教具准备：关于鱼的国画作品。
2. 材料准备：毛笔、宣纸、涮笔筒、毛毡、抹布、水桶、国画颜料、墨汁。

## 四、活动过程

**（一）师幼共同欣赏课件，感受画面的内容与意境**

教师：画上有什么？它们可能在哪里？在干什么？你是怎么看出来的？

教师：如果你也是画中的一条小鱼，你想怎么游？要干什么？（引导幼儿想象小鱼说了些什么，学一学画面中小鱼的动作，感受不同的动态）

**（二）师幼共同探索小鱼的画法**

教师：怎样才能一笔画出小鱼的身体？请你们用自己想的方法画画看。

幼儿尝试，教师提炼总结。

**（三）幼儿创作，教师巡回指导**

幼儿可先与同伴讨论自己的构思，如自己想画几条小鱼，可能怎么游，要去干什么，然后再进行创作。

**（四）集体欣赏、评价**

教师：小朋友们今天都创作了属于自己的作品，你们都用了什么方法呢？谁能来说一说？

教师引导幼儿进行自我评价。

# "红红的樱桃"活动设计

## 一、设计意图

孩子们都吃过樱桃，本次活动利用孩子们熟悉的樱桃，让孩子们通过实际观察、触摸，感知樱桃的基本外形特征，尝试运用一笔点转的方法画樱桃，耐心添画细节，合理布局。

## 二、活动目标

1. 通过实物观察樱桃的外形特征，初步了解樱桃的基本结构。
2. 尝试运用一笔点转的方法画樱桃的外形特征。
3. 感受国画的优美意境，体验创作樱桃的快乐。

## 三、活动准备

1. 教具准备：樱桃实物及PPT。
2. 材料准备：毛笔、宣纸、涮笔筒、毛毡、抹布、水桶、国画颜料、墨汁。

## 四、活动过程

**（一）出示樱桃实物，引导幼儿观察樱桃的外形特征**

教师：你们看，这是什么水果？樱桃是什么形状的？什么颜色的？

**（二）教师出示图片，引导幼儿讨论画法**

教师：你们觉得这个圆应该怎么画？（幼儿回忆、探索小圆的多种画法，教师提炼总结）

教师：怎样才能又快又好地画出小圆呢？你们是用什么方法画的？你们觉得

哪种方法最简单？

教师小结：以前我们学过用点画的方法画圆，两笔画圆，今天我们要学习一种新的画圆方法——一笔点转法。

**（三）幼儿创作，教师指导**

基本画法：用大白云笔蘸赭墨在纸上一笔点转出球体；用小勾线笔蘸浓墨，中锋勾樱桃柄、点果脐（注意樱桃柄的方向要有变化）；若画面中有很多樱桃，应适当注意疏密关系。

**（四）幼儿互相欣赏作品并发表意见**

教师：小朋友们今天都创作了属于自己的作品，你们都用了什么方法呢？谁能来说一说？

教师引导幼儿进行自我评价。

# "枇杷成熟了"活动设计

## 一、设计意图

《幼儿园教育指导纲要（试行）》指出，引导幼儿接触周围环境和生活中美好的人、事、物，丰富他们的感性经验和审美情趣，激发他们表现美、创造美的情趣。枇杷好多孩子都吃过，贴近幼儿的生活，且圆圆的枇杷也易于幼儿表现，枇杷黄黄的果实、丰富的色彩具有审美性，是可以通过引导让幼儿自主欣赏和感受到的自然之美，也是幼儿愿意去创作表现的内容。因而我设计了此次活动。

## 二、活动目标

1. 观察枇杷的外形特征，学习用两笔画圆法表现枇杷，并添柄连接成串。
2. 尝试通过控制毛笔水分的方法来表现枇杷的色彩浓淡变化。
3. 感受国画的优美意境，体验创作枇杷作品的乐趣。

## 三、活动准备

1. 经验准备：幼儿有添画盘子、篮子的经验。

2. 教具准备：枇杷实物、图片。

3. 材料准备：毛笔、宣纸、涮笔筒、毛毡、抹布、水桶、国画颜料、墨汁。

## 四、活动过程

### （一）欣赏枇杷实物，激发活动兴趣

教师：你们看看这是什么水果？它有什么特点呢？谁能说一说？

### （二）出示枇杷图片让幼儿观察

教师：这些枇杷是什么颜色的？它们的颜色一样吗？（有深有浅）在什么地方？（有的装在盘子里，有的装在篮子里，有的挂在树上）

教师：如果用毛笔来画枇杷，你会怎么画呢？

### （三）教师示范枇杷画法，幼儿探索、尝试

1. 教师运用儿歌形式帮助幼儿提炼两笔画圆法。

教师：踮起脚尖来跳舞，左一笔，右一笔，两个半圆握握手，一个小圆真可爱。

2. 幼儿探索、尝试，教师个别指导。

基本画法：用毛笔蘸藤黄，侧锋画出左半圆，再用同样的方法画出右半圆；蘸焦墨点果蒂，添画果柄；注意画枝条时用笔要有停顿。

### （四）幼儿创作

1. 提醒幼儿绘画时注意构图及疏密变化。

2. 鼓励幼儿添画盘子、篮子等。

### （五）师幼共同品尝枇杷，欣赏幼儿作品

（略）

# "下雨天"活动设计

## 一、设计意图

下雨天的时候，幼儿都会被大人保护得很好，他们对雨天的概念的真正理解并不多：雨是从哪里下来的？雨下来的时候是什么样子的？雨丝又是什么样的？他们都不知道。所以让幼儿用自己的双手使用平时不起眼的材料去创造"雨"，

感受"雨滴"或者"雨丝"的样子，大大满足了幼儿的兴趣和需要。从生活中寻找幼儿具有丰富感性经验的题材是培养幼儿感知及创造能力的重要一环，抓住幼儿身边熟悉的事物，更能吸引幼儿进行创作。针对这个特点，为幼儿设计了这一活动，让幼儿通过事先的观察，了解雨的特征，获取有关雨的信息之后，能用勾线、晕染相结合的形式表现下雨天人物的主要特征和动态，能用冷色、灰色表现下雨天的色彩。

## 二、活动目标

1.能用勾线、晕染相结合的形式表现下雨天人物的主要特征和动态。

2.能用冷色、灰色表现下雨天的色彩。

3.乐于创作下雨天的景象，体验绘画的乐趣。

## 三、活动准备

1.经验准备：在下雨天有意识地带领幼儿观察人们的衣着特征以及雨滴从天上掉下来时形成的线条，幼儿有过自己撑着雨伞或穿着雨披在雨中行走的感受。

2.教具准备：各种雨具（雨伞、雨披、雨鞋）。

3.材料准备：毛笔、宣纸、涮笔筒、毛毡、抹布、水桶、国画颜料、墨汁。

## 四、活动过程

### （一）幼儿表演避雨的情景

教师：下雨天，你会怎么办？谁能来说一说并表演一下呢？

### （二）引导幼儿回忆下雨天人们的衣着特征和动态

教师：人们在下雨天怎样让自己不被淋湿？打伞时是什么样子的？人们穿上雨披时，我们能看见的是哪些部位？

教师：雨从天上落下来时像什么？（像一根根的线）下雨的时候，天空是什么颜色的？（灰白色）

幼儿表演有的穿雨衣、雨鞋，有的两人共撑一把伞，有的在屋檐下躲雨的情景。

### （三）师幼共同讨论创作方法，尝试画出下雨天的景象

教师：要画出下雨天人们在干什么，天空是什么颜色。

教师：穿雨披和打伞的人都可以用先勾线再染色的方法绘画，天空可以用大号笔刷上淡淡的墨。

**（四）幼儿作画，教师指导**

教师：刚才我们了解了下雨时都需要做什么，接下来把你想画的内容画在你面前的画纸上吧。

教师适时指导。

**（五）集体欣赏、评价**

教师：小朋友们今天都创作了属于自己的作品，你们都用了什么方法呢？谁能来说一说？

教师引导幼儿进行自我评价。

# "猴趣"活动设计

## 一、设计意图

猴子顽皮可爱的形象早已被幼儿熟悉，幼儿对用国画表现猴子有了一定的基础。本次活动在幼儿画好猴子形态的基础上，引导幼儿用"七步法"画出猴子的主要特征，大胆表达自己的创作意图，使画面更丰富。

## 二、活动目标

1.欣赏水墨动画，观察猴子的不同动态，感受猴子的调皮与机灵。

2.能用"七步法"画出猴子的主要特征。

3.大胆表达自己的创作意图，积极参与评价同伴作品。

## 三、活动准备

1.经验准备：幼儿听过故事《猴子学样》《猴子捞月》，大致了解故事内容。

2.教具准备：水墨动画片《猴子学样》《猴子捞月》片段。

3.材料准备：毛笔、宣纸、涮笔筒、毛毡、抹布、水桶、国画颜料、墨汁。

## 四、活动过程

（一）欣赏水墨动画片《猴子学样》《猴子捞月》片段，观察猴子的不同动态

教师：动画片里的猴子长什么样？它们在干什么？谁来学一学？

（二）观看动画截图，师幼一起分析不同动态猴子的身体特点

教师：躺着的猴子身体是什么样的？头又是什么样的？尾巴呢？（用同样的方法观察其他动态的猴子）

教师：除了动画片里的样子外，猴子们还有可能做哪些事情？又会是什么动作呢？

（三）教师组织幼儿进行绘画创作

教师：刚才我们了解了猴子的身体结构，接下来把你想画的内容画在你面前的画纸上吧。

教师重点引导幼儿用"七步法"画猴子，鼓励幼儿尝试多种画法和色彩。

（四）集体欣赏、评价

教师：小朋友们今天都创作了属于自己的作品，你们都用了什么方法呢？谁能来说一说？

教师引导幼儿进行自我评价。引导幼儿侧重从猴子的动态上进行评价，鼓励幼儿大胆表达自己的创作意图。

# "齐白石作品欣赏"活动设计

## 一、设计意图

《3—6岁儿童学习与发展指南》指出，鼓励幼儿在生活中细心观察、体验，为艺术活动积累经验与素材。本次活动正是借欣赏齐白石的作品《虾》的契机，让幼儿对水墨画这一艺术形式以及所用的工具进行充分感受，体现美术集体活动具有的引领和提升的价值，引发幼儿在后续的个别化活动中大胆自信地进行表现，并提供必要的经验支持。

## 二、活动目标

1. 欣赏齐白石的《虾》，重点感受画面中墨色的浓淡变化。
2. 初步了解中国画"书画一体"的特点。
3. 通过欣赏，感受中国面特有的意境。

## 三、活动准备

教具准备：齐白石的《虾》，其他墨虾图多幅，动态国画《虾》，轻松欢快的背景音乐。

## 四、活动过程

**（一）欣赏齐白石的《虾》，感受画面轻松、自在的意境**

1. 欣赏《虾》，感受画面意境。

教师：画上画了什么？有几只？它们是什么样子的？它们可能会在哪里呢？在干什么？

2. 欣赏动态国画《虾》，多通道感受国画意境。

教师：你们看，它们动起来了，好像在干什么？

3. 迁移已有经验，知道《虾》是国画作品。

教师：你知道这是用什么材料画的吗？是什么画？

**（二）欣赏多幅齐白石的墨虾图，进一步感受画面意境，初步了解中国画"书画一体"的特点**

教师：老师这里还有好几幅关于"虾"的国画作品。你们看，这些画上的虾好像在干什么？它们的心情怎么样？

1. 幼儿跟随音乐模仿虾的动作，进一步体会画面意境。

教师：如果你是其中的一只虾，你会怎么游泳？我们一起来学一学。

2. 通过观察，了解中国画"书画一体"的特点。

教师：画上除了有虾，还有什么？（题字、印章）文字是什么颜色的？印章呢？

**（三）欣赏齐白石的其他彩墨画作品，丰富对中国画的认识**

教师：齐白石老爷爷除了画虾外，还擅长画很多其他的东西，我们一起来看看。这些画上有什么？都有哪些颜色？你最喜欢哪一幅？为什么？

教师小结：原来，中国画除了用黑色的墨汁来画外，还可以用很多颜色的国画颜料来画，画出来的画也很好看。

# "藤蔓植物"活动设计

## 一、设计意图

艺术活动是在大胆表现过程中逐渐发展起来的，激发幼儿感受美、表现美的情趣，丰富幼儿的想象力和大胆创作的能力。本次活动通过欣赏多幅藤蔓植物作品，感受画面的意境，用讨论、归纳的方法，探索藤蔓植物的画法，并尝试用国画的形式表现出来。

## 二、活动目标

1. 欣赏多幅藤蔓植物作品，感受画面的意境。
2. 用讨论、归纳的方法，探索藤蔓植物的画法，并尝试用国画的形式表现出来。
3. 体验合作绘画的乐趣。

## 三、活动准备

1. 经验准备：幼儿接触过藤蔓植物，认识这些植物。
2. 教具准备：藤蔓植物国画作品多幅。
3. 材料准备：毛笔、宣纸、涮笔筒、毛毡、抹布、水桶、国画颜料、墨汁。

## 四、活动过程

### （一）欣赏作品，感受画面的内容与意境

教师：今天，老师给小朋友们带来了一些好看的国画。我们一起来看看，画上画了什么？你最喜欢哪一幅？

1. 欣赏齐白石的一组小鸡图。

教师：画上有什么？是什么样子的？小鸡在干什么？它们的心情怎样？

2.欣赏《鸭趣》。

教师：这是什么植物？紫藤下有什么？它们可能在干什么？

3.欣赏《葡萄架下的猫蝶》。

教师：这幅画表现的是什么季节？你是怎么看出来的？葡萄架下有什么？你觉得它在干什么？

**（二）师幼共同归纳这类藤蔓植物的独特结构，讨论画法**

教师：现在我们仔细地观察这几幅画上的植物，它们都有哪些相同的地方？

教师：这些花和果实可以用什么方法画？叶子怎么画？怎样才能画出细细的藤呢？（引导幼儿看丝瓜图，隐去叶子和其他事物，只留下藤，重点感知藤蔓的走势）

**（三）进一步欣赏其他藤蔓植物的画，再次感受这类藤蔓植物的结构特点，并发挥想象**

教师：我们发现这些植物都有藤、叶子和果实。老师这里还有几张画，我们一起来看看这些植物的藤又是什么样子的。

教师：在这些植物下面会有哪些小动物呢？在干什么？如果你就在这些植物下面，你会干什么呢？

**（四）合作、欣赏、评价**

1.幼儿合作创作。

教师引导幼儿进行分工，发挥想象完成作品。

2.欣赏、评价。

教师：你先画的是什么？后画的是什么？还可以怎么画？画上的小动物在干什么？你是怎么画藤的？

教师小结：今天，我们看了不少藤蔓植物作品，有主藤和缠绕藤。藤蔓植物还有很多其他的种类，下一次我们再去试着画一画，好吗？

# "奇妙的点和线"活动设计

## 一、设计意图

作为中国传统的艺术形式和独特的艺术语言，国画在美术教学中占有重要地位。因此，我们开展活动帮助幼儿感受国画独特的艺术语言，并让他们了解、体会民族的传统绘画形式和内在精神。我们进行了水墨画欣赏活动，主要将目光放在了水墨画的基本元素——点线上。尝试运用点、线大胆创作，能较好地表现自己喜欢的事物。

## 二、活动目标

1. 通过观察、讨论、归纳，初步感受作品的内容与意境，体会点和线在吴冠中作品中的巧妙运用。

2. 尝试运用点、线大胆创作，能较好地表现自己喜欢的事物。

3. 能与同伴共同完成一幅圈画作品，体验合作绘画的乐趣。

## 三、活动准备

1. 经验准备：幼儿已经初步了解吴冠中及其作品风格，有基本的用毛笔创作的经验。

2. 教具准备：吴冠中作品多幅，幼儿的点线作品多幅。

3. 材料准备：毛笔、宣纸、涮笔筒、毛毡、抹布、水桶、国画颜料、墨汁。

## 四、活动过程

**（一）欣赏三幅吴冠中的作品，感受画面的内容与意境**

教师：吴冠中是著名的国画大师。今天，老师带来了几幅他的作品，我们一起来看一看。

1. 欣赏《小鸟天堂》。

教师：这幅画画的是什么地方？你是怎么看出来的？画上还有什么？这些小鸟在树林里干什么？心情怎么样？

2. 欣赏《城市》。

教师：这幅画画了什么？你是怎么看出来的？这些彩色的点可能是什么？如果你就住在这座城市里，你会感觉怎么样？

3. 欣赏《花草地》。

教师：画上画了什么？这可能是什么季节的花？

**（二）通过观察、归纳，感受点和线在吴冠中作品中的巧妙运用**

教师：吴冠中爷爷在画画的时候，用到了一个作画的好方法。你们找找看，是什么？

教师小结：原来画家喜欢用一些大大小小彩色的点和一些粗粗细细、弯弯曲曲的线条来画画。我这里还有一些他的画，我们来看看都画了些什么，在这些画里，奇妙的点和线又变成了什么。

**（三）幼儿创作**

教师：请你和你的朋友一起合作绘画。你们准备用奇妙的点、线来画什么？怎么画？

**（四）展示幼儿作品，集体欣赏、评价**

教师：你让奇妙的点和线变成了什么？谁愿意来说一说？

# "梅花"活动设计

## 一、设计意图

中班的幼儿，对画画有了一定的认知。设计此次活动，加深幼儿对梅花的认识，同时运用国画，提升幼儿的想象力和动手能力。幼儿能在"点"的基础上深化"点转"的技能，尝试运用点转法画梅花。

## 二、活动目标

1.通过观察、讨论、归纳，初步感受梅花的外形特征和色彩的丰富。
2.在"点"的基础上深化"点转"的技能，尝试运用点转法画梅花。
3.能综合运用各种色彩表现梅花的美，感受梅花创作的快乐。

## 三、活动准备

1.课件：各种形态、颜色的梅花图片多幅。
2.国画工具材料，并提供不同底色的宣纸。

## 四、活动过程

### （一）引导幼儿迁移已有经验，激发幼儿的学习兴趣

教师：你们去过梅花山吗？漫山遍野的梅花给你什么感觉？

### （二）教师播放课件，引导幼儿欣赏梅花图片

1. 欣赏、交流梅花的色彩和外形特征。

教师：今天，老师带来了一些梅花的图片，我们一起来看一看。梅花有哪些颜色？是什么样子的？（五瓣，看起来像一个圆，中间有花蕊）

教师：梅花现在都开了吗？它们长在树的什么地方？

2. 欣赏、感受国画大师的梅花图。

教师：我们一起来欣赏国画大师画的梅花图，看一看它们有什么特别的地方，你觉得什么地方最美。（用色、布局、添画……）

### （三）幼儿尝试探索、学习梅花的画法

教师：梅花可以怎么画呢？

教师小结：用大白云笔点转画出花瓣，用小勾线笔以浓墨画花蕊。

### （四）幼儿创作，教师巡回指导

教师：你想画一幅怎样的梅花图？怎么才能把梅花画得更好看？看看老师给你们准备了什么，这些纸有什么特别之处。

### （五）集体欣赏，相互评价

引导幼儿侧重从画面的色彩、造型以及细节添画等方面来评价。


# "风"活动设计


## 一、设计意图

幼儿常常喜欢通过绘画的形式表达自己的情感，由于受生活经验、想象力、绘画技能等影响，不能很好地表现美、感受美。因此，在《风》这一美术活动中，我根据幼儿实际年龄特点，从幼儿的生活经验入手，让其在熟悉诗歌的基础上，能用国画的形式表现自己对诗歌的理解，能大胆地添画与诗歌内容有关的事

物，体会古诗中的美景，激发热爱大自然的情感，体验美术活动的乐趣。

## 二、活动目标

1. 在熟悉诗歌的基础上，能用国画的形式表现自己对诗歌的理解。

2. 能大胆地添画与诗歌内容有关的事物。

3. 体会古诗中的美景，激发热爱大自然的情感。

## 三、活动准备

1. 教具准备：古诗《风》、诗配画作品4幅。

2. 材料准备：毛笔、宣纸、涮笔筒、毛毡、抹布、水桶、国画颜料、墨汁。

## 四、活动过程

### （一）欣赏诗歌，进一步理解古诗内容，感受古诗意境

1. 欣赏国画，听配乐朗诵古诗，进一步感受古诗的优美意境。

教师：听着古诗，看着画面，说一说你有什么感觉。

2. 欣赏古诗、歌曲，通过优美的旋律再次感受古诗的意境，鼓励幼儿根据自己的理解大胆解读古诗《风》。

### （二）师幼共同讨论如何用国画形式表现古诗内容

1. 引导幼儿逐句讨论作画内容。

2. 讨论作品内容中的不同运笔方式，可用中锋或侧锋表现什么内容。

### （三）教师引导幼儿大胆地创作

鼓励幼儿大胆表达自己对古诗的理解，并用国画充分表现。

### （四）作品展示及评价

集体朗诵，感受和体会古诗中诗画一体、诗情画意的优美意境。师幼一起将幼儿作品制作成宫灯，装饰活动室（宫灯的四个面正好可以表现四句诗歌）。

# "吴冠中作品赏析——《江南水乡》"活动设计

## 一、设计意图

中华民居历史悠久，种类繁多。在江浙一带农村的最具典型性的建筑样式就是江南民居，因此它也是离幼儿最近的、最容易接受的民居样式。傍河而建的斑驳的青瓦白墙，雕刻精致的石桥，小巧的亭台楼阁，精美的雕花木门和花样繁多的镂窗，还有悠然的乌篷船、幽静蜿蜒的青石小巷，甚至是午间袅袅的炊烟和揽湖自照的垂柳，无一不显示出江南水乡特有的艺术魅力。中班的幼儿有一定的生活经验，引导幼儿欣赏有如此美景的名画，便是一种美的享受，更是一种美的熏陶，不仅能让幼儿了解江南人民创造美的智慧，更能使他们用语言、肢体动作表达自己对江南水乡美的感受。

## 二、活动目标

1. 在对比欣赏中感受作品简单的线条、块面和色点所形成的意境美，体会江南水乡黑瓦白墙的建筑风格及画家作画的独特韵味。

2. 尝试用浓墨、淡墨表现江南水乡的建筑风格，表现江南水乡古朴、恬静之美。

## 三、活动准备

PPT（城市与农村的对比图、局部放大图、画家作品集）、水墨工具等。

## 四、活动过程

**（一）出示作品，一起欣赏**

教师：今天，老师带来了几幅特别的画。你看到了什么？（放大房子作品）房子是怎么样的？

教师小结：黑黑的色块表示屋顶，白色的是墙，这是黑瓦白墙的房子，还有的是灰色的。

教师：房子和房子组成了什么？（村庄）这些房子都是怎么样的？（黑瓦白墙）房子与房子有什么不同？（方向、前后、大小不同，通过遮挡、透视来引导）

1. 出示城市和农村图片进行对比欣赏。

教师：这是什么地方？城市有什么？城市很热闹很繁华，而这张没有高楼大厦、没有汽车忙忙碌碌来回奔跑的图片，表现的是农村。你去过农村吗？村里人是怎么生活的？

教师小结：农村有鸡有鸭，小朋友很快乐。大人们有的种地，有的一起在河边洗衣服、洗菜，说说笑笑，大家一起很开心、很和睦。村前的小溪轻轻地流淌，很安静，很恬静。

2. 介绍画家。

你想知道这幅图是谁画的吗？他很喜欢去一些恬静优美的农村，画这样的画，他给这幅画取了个好听的名字——《江南水乡》，他还画了另外的一些江南农村的画。（欣赏另外的画）

3. 比较画家作品，感受画家作画的独特韵味。

概括作品的共同特点。

教师小结：都是黑瓦白墙、小桥流水，屋顶是黑色的块面，房子的墙用浅色的线，黑白灰点线面。

**（二）师幼一起示范作画，重点提出哪些地方应该使用浓墨、淡墨**

1. 创作水墨画。

材料：宣纸、墨水、毛笔等水墨画工具。

方法：幼儿人手一份笔墨，运用浓淡墨在宣纸上创作。

重点指导：浓淡墨的使用。

2. 剪纸修饰。

材料：黑色卡纸、蜡笔等。

方法：用黑色卡纸代替屋檐，其余部分用蜡笔涂色、点缀。

# "葡萄"活动设计

## 一、设计意图

葡萄是幼儿熟悉的事物，来自幼儿的生活经验，符合《幼儿园教育指导纲要（试行）》对提出的"引导幼儿接触周围环境和生活中美好的人、事、物，丰富他们的感性经验和审美情趣，激发他们表现美、创造美的情趣"。因此，开展以"葡萄"为主题的活动，让幼儿感受活动的趣味性。

## 二、活动目标

1. 引导幼儿认识水墨画的含义，学习用两笔画圆法表现葡萄，并添柄连接成串。

2. 认识宣纸、颜料等特殊用品并学会使用工具进行绘画，尝试通过控制毛笔水分来表现葡萄的色彩浓淡变化。

3. 培养幼儿大胆作画的能力，并保持桌面干净整洁。

## 三、活动准备

1. 教具准备：一串葡萄、教学PPT。

2. 知识准备：教导幼儿平时注意观察叶子及叶脉的特点。

3. 材料准备：毛笔、宣纸、涮笔筒、毛毡、抹布、水桶、国画颜料、墨汁。

## 四、活动过程

**（一）欣赏水墨画，认识画画工具。**

1. 出示国画图片，引导幼儿观察。

提问：这幅画与我们之前画的画有什么不同？（引发幼儿对新的绘画方式的兴趣）

2. 出示绘画工具，引导幼儿了解。

理解宣纸与白纸的不同（质地），请幼儿进行比较。

国画需要特殊的颜料——墨汁，并了解墨汁的深浅变化（水稀释），正确使用毛笔，知道细的地方用笔尖画，粗的地方用笔身画。

3.欣赏图片，引导幼儿感知国画的魅力。

**（二）出示一串葡萄，观察葡萄的特征**

教师：你们喜欢吃葡萄吗？葡萄长什么样子？葡萄串像什么？（引导幼儿说出自己对葡萄的外形特点和颜色的认识）

**（三）教师示范，引导幼儿绘画葡萄**

教师：葡萄怎么画呢？（两笔画圆法表现葡萄）

教师：画葡萄时，应该先画什么部分？（引导幼儿先画占纸面积大的地方，最后画占纸面积小的部分。引导幼儿看清教师是怎样运用毛笔和墨汁的。注意水与颜料的搭配）

教师：水多会怎么样？水少又会怎么样？画叶子用笔的什么部位？最后画叶梗的时候，应该用笔的什么部位画？

**（四）幼儿作画，教师指导**

指导幼儿拿笔和用墨的方式。注意画面的布局及绘画时的先后顺序。

**（五）幼儿互相欣赏作品**

教师：小朋友们今天都创作了属于自己的作品，你们都用了什么方法呢？谁能来说一说？

教师引导幼儿进行自我评价。


# "葫芦天牛"活动设计


## 一、设计意图

《3—6岁儿童学习与发展指南》建议，要"创造机会和条件，支持幼儿自发的艺术表现和创造；提供丰富的便于幼儿取放的材料、工具或物品，支持幼儿进行自主绘画、手工、歌唱、表演等艺术活动。经常和幼儿一起唱歌、表演、绘画、制作，共同分享艺术活动的乐趣"。美术活动是幼儿园艺术教育的手段之一，通过美术活动可以培养幼儿的美术兴趣，使幼儿初步具备感受美和表现美的能力。葫芦是幼儿熟悉和喜欢的形象，本次活动通过欣赏国画《葫芦天牛》，了解葫芦的基本形状，感受中国画独特的韵味。

## 二、活动目标

1. 欣赏国画《葫芦天牛》，了解葫芦的基本形状，感受中国画独特的韵味。
2. 继续尝试简单的构图方式，表现出疏密、浓淡的变化。

## 三、活动准备

1. 教具准备：各种连着藤蔓的葫芦照片和国画作品。
2. 材料准备：毛笔、宣纸、涮笔筒、毛毡、抹布、水桶、国画颜料、墨汁。

## 四、活动过程

**（一）教师播放课件，师幼一起欣赏各种葫芦的照片和国画作品**

教师：图上有什么？是什么样子的？什么颜色的？照片上除了有葫芦外，还有什么？是什么样子的？有几个葫芦？是怎么构图的？

教师小结：葫芦是长在藤上面的，藤上有叶子，叶子像手掌一样。藤是相互缠绕的，有的粗，有的细。葫芦和叶子的布局有疏有密，有高有低。

**（二）师幼共同讨论葫芦的创作方法**

教师：今天，我们要画葫芦。你知道先画什么？藤怎么画？叶子又怎么画？葫芦呢？用什么毛笔比较合适？

教师小结：可先画叶子，再画葫芦。用提斗侧锋三五笔画出一片叶子；用提斗按着转两笔画出一个圆（上面的圆小，下面的圆大），上下两圆累加即成一个葫芦；用小号笔以浓墨、中锋勾叶脉，画藤。

**（三）幼儿创作，教师巡视，鼓励幼儿先想好构图方法再动手绘画**

创作重点：先画叶子，注意叶子的大小、浓淡、重叠变化；再画葫芦，有大小、高低、颜色深浅变化；最后再点蒂，勾叶脉，画藤。

**（四）展示幼儿作品，鼓励幼儿发表自己的见解**

教师：你喜欢哪幅葫芦图？为什么？你是先勾叶脉还是先画叶子的？

欣赏、评价应侧重于葫芦的造型和整幅画的构图。

# "咏鹅"活动设计

## 一、设计意图

　　《咏鹅》是一首非常经典的古诗，通过古诗内容巧妙而又形象地帮助幼儿表现出大白鹅的基本特征。本次活动选择了鹅这一动物，形象表现也比较简单，运用古诗《咏鹅》让幼儿在吟诵古诗、感受美的同时了解大白鹅的外形特征。用国画形式再现古诗中的情境，感受诗画一体、诗情画意的优美意境。通过创作表现和感受作画的乐趣并体验美。

## 二、活动目标

　　1.通过欣赏画面、表演、吟唱等多渠道理解古诗《咏鹅》的内容。
　　2.能用国画形式再现古诗中的情境，感受诗画一体、诗情画意的优美意境。
　　3.激发热爱大自然的情感，体会创作的快乐。

## 三、活动准备

　　1.教具准备：表演道具、配乐古诗课件、背景音乐。
　　2.材料准备：毛笔、宣纸、涮笔筒、毛毡、抹布、水桶、国画颜料、墨汁。

## 四、活动过程

### （一）欣赏诗歌，理解古诗内容，体会鹅戏春水的美景，感受古诗意境

　　教师：今天，老师给大家带来了一首古诗，我们一起来听一听古诗里都说了什么吧！
　　幼儿完整欣赏古诗，理解古诗含义。
　　教师播放课件，幼儿听配乐朗诵的古诗，进一步感受古诗的优美意境。
　　教师：谁能来说一说，你看到视频中的场景有什么感觉呢？
　　教师播放音乐，引导幼儿通过优美的旋律再次感受古诗的意境，鼓励幼儿根据自己的理解大胆表演古诗《咏鹅》。

**（二）师幼共同讨论如何用国画形式表现古诗内容**

教师：你看到画中的白鹅都有哪些特点呢？用你的语言描述一下吧。

1. 鹅的基本画法：用中锋画鹅的头和颈，用按的方法画鹅身和鹅尾。

2. 根据古诗内容，大胆想象、添画。

**（三）幼儿作画，教师指导，再现古诗情境**

引导幼儿围绕古诗内容大胆创作，表达自己对古诗的理解。

**（四）作品展示及评价**

教师：小朋友们今天都创作了属于自己的作品，你们都用了什么方法呢？谁能来说一说？

教师引导幼儿进行自我评价。

# 剪纸

## 活动设计

# "蜗牛"活动设计

## 一、活动目标

1. 观察蜗牛的外形特征,学习用剪刀剪直线、弧线、螺旋线。

2. 用不同的图案进行装饰。

3. 体验剪纸制作的乐趣。

## 二、活动准备

1. 蜗牛图画一张。

2. 方形、圆形的彩色卡纸若干,剪刀、胶棒、双面胶、油画棒,细线若干。

## 三、活动过程

### (一)谜语导入,引出剪纸工具——剪刀

教师:小朋友们,今天我们要上一节手工活动课,我们要用到一种工具,我给大家出一个谜语,大家猜一猜是什么工具,"兄弟有两个,个子一样高,一旦舞大刀,哥俩互相咬"。谜底是什么?(剪刀)

教师:小剪刀的嘴巴可厉害了,我们要小心使用,要听老师的指令,用完后要放在桌子上,要保护好自己和别的小朋友。

### (二)出示蜗牛图画,引出"螺旋体"

1. 尝试操作。

教师:小朋友们都会用画笔画可爱的蜗牛,蜗牛走到哪里都会背着自己的房子。那请你们告诉老师,蜗牛的房子是什么形状的?

教师:小朋友们真棒,蜗牛的房子是螺旋形的。那么,你们会不会用剪刀剪出一个螺旋形的图案?现在我们可以用圆形的彩纸尝试一下。

指导幼儿操作,尝试剪圆形的螺旋画。

2. 操作经验提炼与交流。

教师:很多小朋友已经剪好了,还有一部分小朋友没有完成(或是剪得不

好），我们一起来说一说，在剪螺旋画的过程中，要注意些什么。

要从外往里剪，剪的纸条同样宽，中途不能剪断。

教师小结：我们在剪螺旋形的时候，要注意从外往里剪，并且在剪的过程中，一定要注意剪的纸条要同样宽，并且不能中途剪断。

**（三）自主制作**

教师：小朋友们，不是只有圆形才能剪成螺旋的形状，其他图形如三角形、菱形、五星形、心形都可以。

教师：下面就请小朋友们选择喜欢的图形，尝试剪出螺旋画，剪出以后可以用自己喜欢的方式进行装饰，最后要在螺旋画的中心固定一条细线，美丽的螺旋画就完成了。

幼儿操作，教师巡视指导。

**（四）作品展示**

教师请完成制作的幼儿用吹或是旋转身体的方式使螺旋画转动起来。活动结束后，教师把幼儿制作的螺旋画悬挂在楼道中，进行作品展示。

# "花朵"活动设计

## 一、活动目标

1. 通过观察、讨论，探索用不同的折叠方法创造出不同花边的花朵，能摸索出大小不同花朵的剪法。

2. 尝试用折叠的方法剪出不同数量花瓣的花朵。

3. 感受剪纸活动的趣味。

## 二、活动准备

剪刀、彩纸若干。

## 三、活动过程

### （一）看看、说说

教师：这是我的美丽的小花园，好看吗？你们喜欢吗？

教师：花园里的花朵，它们的花瓣都是什么形状的呢？都有几片花瓣呢？（幼儿观察，泛讲）

教师：这些花瓣，都是一刀剪出来的。今天我们就来学学用小剪刀剪出美丽的花朵。

### （二）讲解过程

一张正方形的纸，折成三角形的形状，然后再对折成三角形的形状。在三角形两条直角边相交的这个角处，离角一段距离的地方用剪刀剪出花瓣的造型。

教师：你们仔细看看，我剪的花朵有的很大，有的很小，有的花瓣很多，有的花瓣却很少。我是怎么剪出来的呢？谁来猜猜看？（幼儿猜想）

小结：在折叠三角形的时候，次数要多，次数越多花瓣就越多。但是在三折后，三角形不能对折，而是要将一条闭合的短短的边折向斜边。

### （三）幼儿讨论方法，教师讲解演示

在剪花瓣的时候，离尖角越远花瓣越大，离尖角越近花瓣越小。

教师：这样的花朵是怎么剪出来的呢？（空心的花朵）

教师：我们在剪完纸头后，剩下来的这点纸头也可以剪出花朵来。（教师演示，将剩下的纸头剪出花朵来）

### （四）试试、做做

教师：我们现在就动手来试一试，要记住重要的地方。你折的三角形次数越多花瓣就越多，离尖角的距离不一样，花瓣大小就不一样。

教师带幼儿一起剪花瓣。

教师：我们都剪出了第一朵小花了对吗？现在就请你们自己尝试着动手试试，你想剪出什么样的花瓣？在用小剪刀剪之前，请你先画一画，等一下就沿着你画的直线剪。

幼儿操作，教师指导。

### （五）展示

把幼儿剪好的花朵粘贴在展示区。

# "小树"活动设计

## 一、活动目标

1. 观察小树的特征，剪出直线，探索转折处不剪断的方法，且边缘平整。

2. 学习用折叠的方法，剪出对称的小树。

3. 了解对称美，感受活动的乐趣。

## 二、活动准备

小树图片、剪刀、手工纸、卡纸。

## 三、活动过程

### （一）欣赏作品导入，引发兴趣

出示剪纸作品，问幼儿：这是什么？是怎么做出来的？

认识剪纸工具：剪刀、手工纸、卡纸。

### （二）观察小树的结构和特征

小树是什么样子的？（引导幼儿观察小树左右对称的特点）

教师指导幼儿剪小树，先画出对称的小树，再用剪刀剪出小树。

幼儿自己尝试剪小树。

### （三）幼儿剪纸，教师巡视指导

教师提出要求，幼儿注意运用对称的方法，注意转折处不要剪断，且边缘平整。

### （四）展示、评价作品

让幼儿介绍自己的作品，其余幼儿给予评价、鼓励。

# "苹果"活动设计

## 一、活动目标

1. 在谈谈、说说中，掌握苹果的剪法，并会熟练地运用对称的方法剪纸。
2. 感受剪纸活动带来的乐趣。

## 二、活动准备

彩纸、剪刀、《水果歌》。

## 三、活动过程

**（一）欣赏儿歌《水果歌》，引发幼儿兴趣**

教师：小朋友们在歌中听到了什么？谁能向大家介绍下它的外形特征？你们看一看老师这剪的是什么？

**（二）教师示范，幼儿观察**

先把纸对折好，然后在没有开口的一边画好半边苹果的形状。

把画的图案用剪刀剪下来，再打开纸让幼儿欣赏苹果的样子。

**（三）幼儿操作，教师给予适当的指导**

教师要注意对能力弱的幼儿多加指导，也可让能力强的幼儿提供帮助。

幼儿剪好一个后可以练习多剪几个。

**（四）教师讲评活动的情况**

我们来说一说：你的苹果是怎么剪的？用了什么方法？

# "落叶"活动设计

## 一、活动目标

1. 引导幼儿发现对称关系，学习辨认对称图形，了解对称美。
2. 尝试使用镂空等多种方法剪落叶。
3. 感受剪纸带来的快乐。

## 二、活动准备

剪刀、彩色的纸张、胶水。

## 三、活动过程

**（一）导入活动**

教师提问：现在是什么季节？秋天有什么变化？

（水果熟了、天气变凉爽了、树叶飘落下来了……）

**（二）观察落叶特征**

教师出示一片已经剪好的落叶。

教师和幼儿一起观察落叶的颜色和特征。

**（三）教师示范剪落叶**

先拿一张自己喜欢的颜色的彩纸，对折，在纸上画出叶子的半部分，再沿着线条剪下，打开就是一张美丽的落叶。

教师着重讲解画落叶的方法。画树叶的时候，要画出落叶的特点：有细细的叶柄，宽宽的叶面，尖尖的叶角。

**（四）幼儿动手操作，教师指导**

幼儿在操作的过程中，教师巡回指导，并帮助动手能力比较弱的幼儿。

**（五）幼儿作品评价**

把树叶装饰在植物角，幼儿感受氛围。

说一说：你喜欢谁剪的落叶？为什么？

# "热带鱼"活动设计

## 一、活动目标

1. 了解对边折剪的基本方法，学会看步骤图折剪热带鱼。

2. 大胆运用镂空的方法对热带鱼进行装饰。

3. 在创作的过程中，体验获得成功的快乐。

## 二、活动准备

热带鱼剪纸PPT，剪刀、手工纸、记号笔等。

## 三、活动过程

### （一）欣赏热带鱼图片

教师：老师今天带来了一些很好看的海洋生物图片，我们一起来欣赏吧！（播放图片）

幼儿说一说热带鱼是什么样子的。

教师：今天，我们就来学剪美丽的热带鱼！

### （二）欣赏PPT，激起创作兴趣

引导幼儿仔细欣赏、观察，归纳总结：热带鱼的两边都是对称的，用对边折剪的方法制作。热带鱼的身上多出了许多漂亮的镂空花纹，如月牙纹。

### （三）学会看步骤图进行创作，体验创作过程

认识步骤图符号，理解其含义。

指导幼儿边看步骤图边逐步创作作品：对边折剪—看步骤图画热带鱼—沿黑边剪—自由镂空。

### （四）幼儿创作，教师巡回指导，解决创作困难

对边折剪注意叠整齐，看步骤图逐步画样稿。

在镂空时可以运用已学剪纸符号，也可以想出新的符号来装饰。

剪纸时注意安全，剪下的废纸放进纸篓。

（五）幼儿相互交流，分享创作快乐

（略）

# "六瓣花"活动设计（一）

## 一、活动目标

1.欣赏花朵形状，感受六瓣花朵的美，用折、剪、累加的方法制作六瓣花。
2.在活动操作中，感受剪纸花朵带来的乐趣。

## 二、活动准备

剪纸投影、各种颜色的纸。

## 三、活动过程

（一）谈话导入

看，今天老师带来的花是什么样子的？（六瓣的花朵）

（二）教师示范，幼儿观察

教师示范用正方形纸对折成三角形，一只小角由连边中心向上折在两小角之间的五分之四位置，再进行对折，剩下的三个角遮住，剪刀在尖三角上剪弧线，最后用累加组合的方法装饰。

请个别幼儿上前尝试。

（三）幼儿操作，教师指导

提出操作要求，注意桌面卫生。

教师重点指导折叠的时候必须在五分之四的位置。

（四）展示交流

教师：请你把花朵种在我们的"花园"里吧！

# "六瓣花"活动设计（二）

## 一、活动目标

1. 通过观察，认识弧线，并学剪弧线，装饰六瓣花。
2. 体验剪纸活动的快乐。

## 二、活动准备

1. 红色、黄色、蓝色的纸若干。
2. 配乐、剪刀、胶棒、抹布。

## 三、活动过程

### （一）剪刀娃娃变魔术

出示剪刀。"我们来用小剪刀变个魔术吧！"

老师示范怎样使用剪刀。"小手变把'小手枪'，剪刀洞里来睡觉，剪刀张开大嘴巴，一上一下工作忙，咔嚓——咔嚓——小剪刀剪出了什么颜色的花？"（红色的花）

### （二）教师示范方法，幼儿观察

拿一张正方形的纸，我们把正方形的花对折一下，再对折一下（变成小正方形，手拿小方形一角，开口朝上），正方形的花变成小山了，小剪刀要爬山了，咔嚓——咔嚓，它从这个角爬呀爬，爬过弯弯的小山坡，爬到了那个角，这次方形花变成了什么花？（圆形的花，有花瓣的花）

### （三）幼儿操作，教师指导（在音乐声中进行）

教师：现在请你们的小剪刀也工作起来，剪一剪，变一变，剪出不同颜色的花，剪得快的小朋友可以多剪一些。小剪刀还有句悄悄话对你们说："用完剪刀后请你们将剪刀的'嘴巴'合上，不然它的嘴该累了。"

幼儿动手操作。（结束后提醒幼儿将地上的纸片捡干净，放在篓子里）

## （四）展示交流

展示自己的成果并欣赏、评价他人的作品，让幼儿体会到游戏的快乐。

# "窗花"活动设计（一）

## 一、活动目标

1. 欣赏剪纸窗花，尝试剪出各种线条和图形来制作窗花。
2. 感受窗花的色彩美、图案美、对称美。

## 二、活动准备

1. 剪纸幻灯片、喜庆的背景音乐、窗花、步骤示意图。
2. 折纸、剪刀等。

## 三、活动过程

### （一）欣赏视频，感受贴窗花的喜庆气氛

教师：新年到了，他们在干什么？他们把它贴在了哪里？贴在窗户上，你感觉怎么样？（观看贴窗花视频）

幼儿讨论后，教师进行小结：窗花——装饰环境、渲染喜庆的气氛、辞旧迎新，暗示对美好生活的向往，是中国民间特有的艺术。

### （二）欣赏PPT，感受窗花的颜色美、图案美、对称美

教师：这些窗花真漂亮。今天，老师还带来了许多美丽的窗花，你们想看吗？

教师：请你仔细看一看，你发现了什么？

引导幼儿发现：①颜色很丰富、很漂亮；②图案很多；③窗花的图案、花纹是一模一样的；④形状也不一样，有圆形、方形、花瓣形等。

### （三）教师示范剪窗花

教师：那么美的窗花，你知道是怎么剪出来的吗？你能看懂这些图吗？（出示示意图）

谁愿意来试一试？（基本方法：折叠→剪图案→打开）

教师示范折剪窗花。

**（四）幼儿操作，教师指导**

教师：你们想来试一试吗？想和小剪刀一起去旅行吗？

教师鼓励幼儿大胆创作，提醒幼儿边角对整齐，可以看示意图进行折。

引导幼儿从开口处开始剪，不能把中间剪断。多剪弯线条、图形等，剪的过程中不要打开看。

**（五）活动讲评**

教师：谁来介绍你的作品，你是怎么剪的？用了什么方法？为什么这么漂亮？

# "窗花"活动设计（二）

## 一、活动目标

1. 了解窗花是我国具有悠久历史的民间艺术，在国际上享有盛名，增强民族自豪感。

2. 学习窗花的剪法，剪出好看的窗花。

3. 正确地按剪法的步骤制作，特别注意相连不断。

## 二、活动准备

各种剪纸作品、剪刀、彩纸若干。

## 三、活动过程

**（一）贴窗花图片导入**

教师：小朋友，喜庆的日子真热闹，人们会在玻璃上贴好多漂亮的贴画。你们想不想看一看？谁知道这些贴画叫什么？你看完这些窗花有什么感受？

**（二）出示各种剪纸作品，请幼儿欣赏**

教师：今天，老师也带来了一些窗花，我们一起看一看吧！

教师：哎，孩子们看这个窗花是什么图案？（四瓣花）

教师：对，这是四瓣花，那你们想不想学一学这朵花是怎样剪出来的？

**（三）探索、尝试剪纸的方法**

教师示范两种基本的剪纸方法。

1.将长方形纸对边折四折，用铅笔画出简单的图形，再剪出来。

2.将正方形纸对角折两折，用铅笔画出简单的图形，再剪出来。

观看剪纸作品，引导幼儿发现对称关系，学习辨认对称图形，了解对称的美。

**（四）进行剪纸活动**

教师鼓励幼儿大胆进行自由创作。提醒幼儿：注意安全使用剪刀；剪窗花时要仔细、有耐心；剪掉的纸要放在指定位置，不乱扔纸屑。

**（五）展示欣赏幼儿作品**

教师鼓励幼儿继续创作剪出更多的作品。

# "小汽车"活动设计

## 一、活动目标

1.学看步骤图，尝试画出小汽车的外形，大胆地剪出小汽车。

2.通过画、剪小汽车，体验获得成功的快乐。

## 二、活动准备

剪刀、手工纸、记号笔、小汽车模型。

## 三、活动过程

### （一）谈话导入

教师：小朋友们，你们看老师带来了一辆漂亮的"小汽车"，它是什么样子的？（自由表述自己见过的小汽车是什么样子的）

教师：今天，小朋友就跟着老师一起来剪"小汽车"吧！

**（二）教师示范，幼儿观察**

请幼儿说说怎样剪出"小汽车"，老师示范操作。

引导幼儿学习正确使用剪刀：剪刀的尖不能对着小朋友。

**（三）幼儿操作**

幼儿操作，教师巡回指导，指导幼儿正确使用剪刀，发现错误，及时纠正。

关注动手能力较差的幼儿，表扬进步的幼儿。

**（四）作品点评**

教师：很多小朋友都很棒！剪出的"小汽车"都很漂亮，说一说你剪的是什么汽车。

# "雨伞"活动设计

## 一、活动目标

1. 认识剪雨伞的基本步骤，掌握对折剪的方法。

2. 学习简单的镂空方法，能对雨伞进行简单的装饰。

3. 愿意参与剪纸活动，对剪纸感兴趣。

## 二、活动准备

剪刀、手工纸、记号笔。

## 三、活动过程

**（一）谈话导入**

教师：下雨天，我们会怎么样来避雨呢？（幼儿说一说自己是怎样避雨的）

教师：我们可以打雨伞，穿雨衣、雨鞋，等等。今天，小朋友就跟着老师一起来剪一把"雨伞"吧！

**（二）教师示范，幼儿学习**

请幼儿说说怎样才能剪出"雨伞"，老师示范操作。

提醒幼儿正确使用剪刀：剪刀的尖不能对着小朋友。

**（三）幼儿操作，提出要求**

幼儿操作，教师巡回指导，指导幼儿正确使用剪刀，发现错误，及时纠正。关注动手能力较差的幼儿，表扬进步的幼儿。

**（四）作品点评**

教师：很多小朋友都很棒！剪出的"雨伞"都很漂亮。

说一说你用了什么方法，你喜欢谁的作品。

# "马甲"活动设计

## 一、活动目标

1.学习用剪刀剪出对称图形，理解对称的含义。

2.会安全地使用剪刀，感知活动的乐趣。

## 二、活动准备

画有一半衣服的作业纸人手一份、剪刀、PPT。

## 三、活动过程

**（一）出示图片，幼儿观察讨论**

教师：我是小小裁剪师，为娃娃设计了一件马甲，你们看。（出示示意图，只有一半）"怎么办，谁来帮我？"

教师：谁有办法把衣服做得更漂亮？（让幼儿知道衣服应该是左右对称的，光用手画是画不了一样的）

**（二）教师示范，幼儿观察**

像叠衣服一样，把纸沿着中间的线对折。然后用剪刀沿着自己画好的一半剪下来，这样一件漂亮的马甲就做好了。

**（三）幼儿操作，教师进行指导**

要求：剪刀的嘴巴一直张着是很累的，所以用好以后要把它的嘴巴合起来，废纸放进箩筐里。

小朋友想不想也来做一件漂亮衣服？做一回服装设计师？（指导幼儿操作）

**（四）作品展示**

服装展示会（幼儿将自己制作的马甲放在展示板上）

小结：今天，我们的服装设计师做了这么多漂亮的马甲，真能干。

# "手提包"活动设计

## 一、活动目标

1. 会用圆形的纸和长条纸制作小提包。
2. 尝试用自己喜欢的花纹进行装饰。
3. 体验手工活动的乐趣，增强手工活动的能力。

## 二、活动准备

卡纸、剪刀、固体胶、教学图片。

## 三、活动过程

**（一）教师播放图片，引导幼儿欣赏各式各样的包**

这些是什么？你喜欢哪个包？它是什么样子的？谁最喜欢背漂亮的包？（激发幼儿为妈妈或奶奶做手提包的愿望）

**（二）教师示范手提包的制作过程**

示范讲解折包的步骤，重点示范第二步，两端向内折。

贴包带时，将长纸条用固体胶粘在适当的位置。

**（三）幼儿自己动手制作小提包**

幼儿利用圆形卡纸，在教师带领下学习折纸的方法。教师对能力弱的幼儿给予帮助和指导。

**（四）作品展示**

幼儿集体欣赏评价。

# "梯子"活动设计

## 一、活动目标

1. 观察梯子的特征，能够大胆剪出梯子。
2. 体验活动带来的快乐。

## 二、活动准备

剪纸作品、剪刀、手工纸、卡纸。

## 三、活动过程

### （一）认识剪纸工具

出示剪纸作品，问幼儿：这是什么？是怎么做出来的？

介绍：剪刀、刻刀、纸。

### （二）观察楼梯的结构和特征

楼梯是什么样子的？用手试试画一画。

幼儿尝试剪梯子，教师指导幼儿剪梯子，先画出梯子的轮廓，再用剪刀剪出梯子。

### （三）幼儿剪纸，教师巡视指导

注意要先画好梯子的外形，沿边缘剪平滑。

注意用剪刀的方法，桌面保持整洁干净。

### （四）作品评价，展示作品

（略）

# "二方连续"活动设计（一）

## 一、活动目标

1. 从教师和同伴传递的信息中尝试学习二方连续纹样的折剪方法。

2. 通过设计单独纹样，提升创造美的能力。

3. 感受创造学习的快乐，体验剪纸活动带来的乐趣。

## 二、活动准备

1. 二方连续纹样的剪纸作品若干张。

2. 长方形白纸、彩色长条纸每人2~3张，剪刀、水彩笔人手一份，纸篓每组一个。

## 三、活动过程

### （一）变魔术，激发活动兴趣

教师：小朋友，老师想来变个小魔术。（出示白纸）

教师：瞧，这是什么？闭上眼睛，我要变魔术了。看，变出了什么？几个圆形？好，再请小朋友闭上眼睛，又要变了。这次变出了几个圆形？这四个圆怎么样？谁来猜猜这四个连在一起的圆是怎样变出来的？

激发幼儿的兴趣，引发幼儿思考。

### （二）引导幼儿探索四个连续圆的制作方法

幼儿讨论。

幼儿自由探索四个连续圆的制作方法。

根据幼儿的操作结果分析、讨论正确的制作方法。

幼儿再次操作。

### （三）教师小结二方连续纹样的概念

教师：今天，我们自己开动脑筋，探索、尝试，学会了一个新本领，会剪二方连续纹样了。像这种由一个基本的图案向左右或上下两个方向有规律地重复而组成的纹样，叫二方连续纹样。

**（四）设计并制作二方连续纹样**

电话铃响，教师接到熊猫先生的电话。

教师：熊猫先生打电话来说它的服装店明天开张，可还有一批衣服没完成，因为没有好看的图案装饰，它很着急，怎么办呢？我们用刚学的新本领来帮助它吧！剪一些二方连续纹样装饰在衣服上肯定很漂亮，对吗？

欣赏教师作品。

教师：可以设计一些什么纹样呢？我们先来看一下。这是人物纹样，这是动植物纹样，这是简单的几何图形纹样。

教师：看过这些，你想设计什么纹样？

幼儿自由发挥。

幼儿制作二方连续纹样。

**（五）展示交流**

（略）

# "二方连续" 活动设计（二）

## 一、活动目标

1.掌握二方连续纹样剪纸的设计和制作的基本方法和技能。

2.提升自身的审美能力、设计意识、创造能力和动手能力。

3.愿意学习剪纸艺术，增加对民间艺术的兴趣。

## 二、活动准备

彩纸、铅笔、剪刀、胶水（或糨糊）。

## 三、活动过程

### （一）出示实物，幼儿相互交流

出示用二方连续纹样做装饰的花瓶、花布等实物，并请两位幼儿再列举出几

种日常所见的、用二方连续纹样做装饰的物品。

教师小结：经过装饰的物品显得更美观。

**（二）引导幼儿观察现成作品**

这些作品的图案纹样像什么？它是由什么组成的？这种连续纹样给你一种什么样的感觉？（像重复轻松的音乐？像轻风吹拂下的湖面微波？像连绵的小山还是层层丛林？）

通过幼儿与教师的问答，幼儿感受到二方连续纹样能带来连绵不断的新感受。

**（三）讲解剪纸步骤**

指导幼儿看步骤图，理解二方连续纹样的剪纸步骤有折叠、画、剪、贴四步。

具体方法由教师示范：

1. 先把纸裁成条状，对折三四次，注意层数不要过多，以免难剪。

2. 在折好的纸面上用铅笔画一个简单的纹样，注意画纹线时要连续，线条不要过细过窄，把要剪去的部分涂上灰色。

3. 按设计图样剪好。剪时注意不要把连续的地方剪断。

**（四）幼儿操作，教师巡回指导**

每人试剪一条花边。教师注意幼儿在操作过程中出现的问题，引导幼儿解决。

**（五）总结**

（略）

# "灯笼"活动设计（一）

## 一、活动目标

1. 学会看步骤图，尝试运用对边折剪法折剪灯笼，大胆运用镂空的方法对灯笼进行装饰。

2. 通过制作灯笼，培养爱国情感。

3. 在创作活动中，体验获得成功的快乐。

## 二、活动准备

灯笼图片PPT、剪纸灯笼步骤图、彩纸、剪刀等。

## 三、活动过程

### （一）简单了解春节，导入创作活动

教师：马上就要到春节了，你们知道大家是怎样庆祝新年的吗？

教师小结：过年了，大街上、公园里，到处都布置得喜气洋洋，挂上了灯笼，真漂亮！我们一起来剪个灯笼，好吗？

### （二）欣赏剪纸《灯笼》，引导幼儿仔细欣赏、观察，归纳总结

灯笼的两边都是对称的，用对边折剪的方法制作。

灯笼上镂空了各种漂亮的花纹，如月牙纹、小圆孔等。

### （三）学会看步骤图进行创作，体验创作过程

认识步骤图符号，理解其含义。

指导幼儿边看步骤图边逐步创作作品：对边折剪—看步骤图画样稿—沿样稿剪—自由镂空。（教师示范，请幼儿共同参与体验）

### （四）幼儿创作，教师巡视，解决创作困难

1. 对边折剪注意叠整齐，看步骤图逐步画样稿。

2. 在镂空时可以运用已学剪纸符号，也可以想出新的符号来装饰。

3. 剪纸时注意安全，剪下的废纸放进垃圾桶。

### （五）幼儿相互交流，分享创作快乐

教师：谁愿意来介绍一下你剪的灯笼是什么样的？镂空了哪些花纹？（鼓励幼儿大胆说说自己的作品）

# "灯笼"活动设计（二）

## 一、活动目标

1. 学会看步骤图，尝试运用对边折剪法折剪灯笼，大胆运用镂空的方法对灯

笼进行装饰。

2.通过制作灯笼，培养爱国情感。

3.在创作活动中，体验获得成功的快乐。

## 二、活动准备

1.剪纸灯笼若干、剪纸灯笼步骤图。

2.视频《人们迎国庆》。

3.彩纸、剪刀、记号笔、丝带等。

## 三、活动过程

### （一）简单了解国庆节，导入创作活动

教师：明天就是国庆节了，你们知道，国庆节是为了庆祝什么而设立的吗？大家是怎样庆祝共和国的生日的呢？我们一起来看一看！（播放视频《人们迎国庆》）

过节了，大街上、公园里，到处都布置得喜气洋洋，挂上了国旗，挂上了灯笼，真漂亮！我们一起来剪个灯笼送给祖国妈妈，好吗？

### （二）欣赏剪纸灯笼，激起创作兴趣

引导幼儿仔细欣赏、观察，归纳总结：

灯笼的两边都是对称的，用对边折剪的方法制作。

灯笼上镂空了各种漂亮的花纹，如月牙纹、小圆孔等。

### （三）学会看步骤图进行创作，体验创作过程

认识步骤图符号，理解其含义。

指导幼儿边看步骤图边逐步创作作品：对边折剪—看步骤图画样稿—沿样稿剪—自由镂空。（教师示范，请幼儿共同参与体验）

### （四）幼儿创作，教师巡回指导

对边折剪注意叠整齐，看步骤图逐步画样稿；在镂空时可以运用已学剪纸符号，也可以想出新的符号来装饰；剪纸时注意安全，剪下的废纸放进垃圾桶。

### （五）幼儿相互交流，分享创作快乐

教师：谁愿意来介绍一下你剪的灯笼是什么样的？镂空了哪些花纹？（鼓励幼儿大胆说说自己的作品）

**（六）教师、幼儿共同布置"节日灯笼"**

教师将幼儿剪出的灯笼高高挂起，让幼儿体验成功的喜悦。

# "对称花样"活动设计（一）

## 一、活动目标

1.认识对称剪纸，体会对称，尝试剪出对称图形。

2.能制作出对称的剪纸作品。

## 二、活动准备

PPT、图片、剪刀、彩纸。

## 三、活动过程

**（一）创设情境，导入新课**

教师：春天的花园会出现什么？（蝴蝶、蜻蜓、蜜蜂等）

教师：（出示PPT）瞧，花园变得多热闹。可是，小昆虫还在冬眠，需要你们的小巧手把它们唤醒。

引出课题"对称花样"。

**（二）猜想步骤，学习制作方法**

先回忆上学期学到的"轴对称"图形，再观察老师准备的蝴蝶图案剪纸，小组讨论总结出制作对称蝴蝶图案剪纸的方法。

**（三）教师示范**

教师示范：第一步对折，第二步构图。

示范过程中，强调要剪的花纹是轴对称图形，剪之前可以先对折。

教师：好，蝴蝶被唤醒了，现在我们把它放到花园中。

**（四）幼儿创作**

教师：制作方法已经学会了，大家想不想动手制作？让欢快的音乐陪着你，一起来剪一剪吧。

**（五）展评**

教师：剪完的小朋友将你们的作品粘到展板上。

# "对称花样"活动设计（二）

## 一、活动目标

1. 学习用折、剪的方法剪出对称的剪纸作品。

2. 提升动手操作能力，并能根据所观察到的现象大胆地与同伴交流。

3. 能够提升自主创新的能力。

## 二、活动准备

1. 长方形和正方形手工彩色纸、剪刀、铅笔、胶棒、彩笔。

2. 装饰有对称图案的实物和图片。

## 三、活动过程

**（一）出示具有对称图案的实物和图片，帮助幼儿理解"对称"的含义**

请幼儿观察这些图案有什么特点，是怎样剪出来的。

**（二）教师示范剪纸，幼儿讨论**

教师指导幼儿看剪纸图片，并介绍对称剪纸的方法。

将一张长方形的彩纸沿中心线对折，然后用铅笔画出小动物的图案（可以画出自己喜欢的图案或设计出其他的图案）。教师提示幼儿画图案时在对折的边缘处要连接，保持图案的连续性。

**（三）幼儿操作，教师指导并提出要求**

用剪刀沿着图案的轮廓线，先剪中间部分，后剪外轮廓多余的部分。教师要提示幼儿注意线条的连接处不能剪断，这样展开即是美丽的对称图案。

把剪好的小动物图案贴在另一张纸上，添画自己喜欢的背景，组成一幅精美的剪纸作品。

选择一种图案，学习用对称的方法剪纸。教师提醒幼儿正确使用剪刀，并巡回指导。

待熟练后，尝试剪出其他图案的对称作品。

**（四）展示作品**

将幼儿的剪纸作品张贴在主题墙上，让幼儿互相欣赏与评价，也可以用幼儿的剪纸作品装饰教室。

# "我自己"活动设计（一）

## 一、活动目标

1.感知自己的外形，能正确画出自己的外形轮廓。

2.正确使用剪刀，能沿轮廓线剪出作品。

3.体验动手剪纸的快乐。

## 二、活动准备

剪刀、手工纸、卡纸、画身体轮廓的步骤图。

## 三、活动过程

**（一）谈话导入**

教师：我们每个小朋友都长得不一样，有的高，有的矮，有的胖，有的瘦。请你来说一说自己是什么样子的。（幼儿自由表述）

**（二）观察并画出自己的轮廓**

请一男一女上来，说一说自己的轮廓特征。

指导幼儿学会画出他们自己的轮廓。

**（三）幼儿剪纸**

教师巡视指导幼儿进行剪纸活动。

**（四）作品评价，作品展示**

（略）

# "我自己"活动设计（二）

## 一、活动目标

1. 在感知自己外形的基础上，能用对称的方法剪出两个连续的个人轮廓图。

2. 正确使用剪刀，能沿轮廓线剪出作品。

3. 体验动手剪纸的快乐。

## 二、活动准备

剪刀、手工纸、卡纸、步骤图。

## 三、活动过程

**（一）复习导入**

教师：小朋友上次都剪出了各自的轮廓图，你们还记得轮廓图是怎样画的吗？

**（二）讲解对称的操作方法**

指导幼儿学会对边折剪：

先把纸对折，画出自己的轮廓，再用剪刀剪出来。

**（三）幼儿剪纸，教师巡视指导**

注意提醒幼儿剪的时候不要断开。

**（四）作品评价，作品展示**

（略）

# 泥塑

## 活动设计

# "爸爸的烟灰缸"活动设计

## 一、设计意图

鼓励幼儿做环保小卫士，提醒大人少抽烟；让幼儿在活动中感知、欣赏烟灰缸多样的造型。

## 二、活动目标

1. 感知、欣赏烟灰缸多样的造型。
2. 学习用盘筑的方法制作烟灰缸。
3. 进一步增强手指的灵活性。

## 三、活动准备

1. 实物烟灰缸若干。
2. 陶泥人手一份。

## 四、活动过程

（一）出示烟灰缸，引导幼儿欣赏

1. 教师：这里有许多烟灰缸。请你们看看它们是什么样的，是用什么材料做的。

2. 幼儿自由观察、欣赏、交流，教师重点引导幼儿观察烟灰缸的造型。

3. 教师小结：烟灰缸的造型各种各样，有方的、圆的、椭圆的，有带盖子的、不带盖子的，有普通的，也有可爱的。制作的材料也不一样，有铝合金的、玻璃的、竹质的，还有石头的。但它们有个共同的特点，就是必须有一定的空间存放烟蒂和烟灰。

（二）幼儿学习制作烟灰缸

1. 教师：今天，我们要学习用陶泥来做烟灰缸，然后送给自己的爸爸。

2. 教师交代制作要求，并示范用泥条盘筑的方法制作烟灰缸：先盘出烟灰缸的底部，然后用泥条往上盘，注意盘的时候泥条与泥条要连接好，可以用手指在烟灰缸的内侧进行手抹连接，这样就不会影响外部的美观性了。

**（三）幼儿制作烟灰缸，教师巡回指导**

鼓励幼儿用各种图案装饰烟灰缸的外观，最好和别人做得不一样。

**（四）作品评价**

1. 教师：你打算怎样向爸爸介绍你的作品呢？（幼儿自由讲述）

2. 教师：吸烟有害健康！在你送给爸爸烟灰缸的时候，你想对他说些什么呢？（鼓励幼儿大胆表达自己的想法）

# "美丽的陶罐"活动设计

## 一、设计意图

名家的作品在造型、色彩、花纹等方面都有极高的欣赏价值，对幼儿的视觉冲击力很强。在活动中让幼儿欣赏造型各异、色彩丰富的陶罐，感知陶罐的形态特征。

## 二、活动目标

1. 欣赏造型各异、色彩丰富的陶罐，感知陶罐的形态特征。

2. 学习用花色泥条盘筑完成创意制作。

3. 初步感受美、表现美，体验欣赏活动的乐趣。

## 三、活动准备

1. 名家陶罐作品图片多幅。

2. 多色陶泥人手一份。

## 四、活动过程

**（一）出示名家陶罐作品图片，引起幼儿欣赏的兴趣**

1. 教师：你们看，这些是什么？它们是用什么做成的？（幼儿自由讲述）

2. 重点引导幼儿从造型、色彩、花纹等方面进行欣赏和讲述。

**（二）比较两种制作方法不同的陶罐，感知花色泥条的作用**

1. 教师：这里有两种陶罐，它们有什么不同？

2. 教师小结：一种陶罐是用泥条盘筑起来的，另一种陶罐还加上了花色泥条帮助造型，这样陶罐看上去就更特别，更漂亮了。

**（三）制作美丽的陶罐**

1. 引导幼儿创意想象，制作花色泥条。

教师：花色泥条可以是各种各样的。你打算制作什么样的花色泥条呢？（幼儿思考并讲述自己的想法）

2. 教师交代要求，幼儿制作陶罐。

要求：先用泥条盘筑陶罐的底部和部分瓶身，然后在瓶身上继续用花色泥条盘筑造型，最后在瓶口处用泥条盘筑，完成造型。

**（四）幼儿互评作品，教师点评**

（略）

# "卡通杯子"活动设计

## 一、设计意图

让幼儿能通过杯子作品来表达思想、情感，在活动中能运用多种方法制作陶杯。

## 二、活动目标

1. 能运用多种方法制作陶杯。

2. 尝试用卡通图案装饰杯子，充分体验创作的快乐。

3. 能根据自己的构思创意独立设计制作杯子，激发创新意识，提高观察、思考和探索的能力。

## 三、活动准备

1. 了解陶艺的一些基本知识，掌握两种以上基本技能，对卡通图案有一定了解。
2. 实物卡通杯若干。
3. 工作服、制作工具等，陶泥人手一份。
4. 欢快的背景音乐。

## 四、活动过程

**（一）幼儿听音乐做"泥巴变身"的律动，进入活动室**

教师：小朋友，待会儿我想请大家去跟泥巴做游戏，你们高兴吗？现在让我们学一学好玩的泥巴，跟着音乐动一动吧！（变长，变矮，卷起来，变成小面条，变成泥巴球……）

**（二）教师以儿歌形式演示操作，引出主题**

1. 出示泥团，引导幼儿想象：这是什么？像什么？
2. 教师：我们来搓一搓，我搓我搓我搓搓搓。
3. 教师：小泥巴说"我又要变身了，今天我要跟手指做游戏"。
4. 教师演示：看，这是什么动作？我们一起来学一学。

（教师做"捏"的动作：我捏我捏我捏捏捏，往上捏，往下捏，两边捏）

5. 教师：泥巴请泥条妹妹来帮忙（连接泥条），它变成什么了？（杯子）

**（三）欣赏卡通杯子，启发创作**

1. 教师：其实我们生活中有许多有趣的杯子，说一说你见过的杯子。今天，老师也收集了一些杯子，我们一起来看看。
2. 欣赏卡通杯子，重点引导幼儿观看杯子夸张、变形的卡通造型与装饰方法。

教师：你最喜欢哪一个？为什么？

3. 教师小结。
4. 幼儿讨论，交流如何制作杯子。

教师：你准备制作一只什么样的杯子呢？跟你的好朋友说一说。

**（四）幼儿充分想象，大胆制作**

1. 提醒幼儿认真制作，鼓励幼儿大胆想象。

2.教师巡回指导，及时捕捉幼儿有创意的想法与制作方法。

**（五）展示幼儿作品，相互欣赏、评价**

教师可以从中选出几件有代表性的幼儿作品，从造型上分析作品的优点。

# "泥板上的画"活动设计

## 一、设计意图

小朋友不仅可以在纸上画画，还可以在泥板上进行美术创作。让幼儿通过本次活动学会用简单的刻画工具在泥板上作画。

## 二、活动目标

1.学习用拍、滚压等方法制作泥板。

2.学会用简单的刻画工具在泥板上作画。

3.体验陶艺活动的乐趣。

## 三、活动准备

1.刻画工具每组一套，陶泥人手一份。

2.拍子人手一个。

## 四、活动过程

**（一）出示泥板和泥球，引起幼儿的兴趣**

1.教师：看，今天老师给你们带来了什么？它们像什么？

2.教师小结：一种扁扁的，像饼、像满月，我们给它取个名字，叫泥板；另一种像球一样，我们也给它取个名字，叫泥球。

**（二）引导幼儿讨论、探索泥球变泥板的方法，并适当讲解、示范**

1.泥球变泥板。

教师：泥板是由泥球变出来的。谁知道圆圆的泥球是怎样变成泥板的呢？（幼儿思考回答）

2. 出示拍子：认识拍子的外形特征，了解使用方法。

3. 教师示范拍泥板。

**（三）装饰泥板，注意细节刻画**

1. 教师：泥板已经拍好了，可是光秃秃的，不漂亮，我们可以在泥板上添些什么呢？（幼儿大胆建议）今天我们还要在泥板上用特殊的工具作画，你想画什么呢？（幼儿讲述，教师有选择地示范作画）

2. 教师：拍好泥板以后，我们就可以在泥板上刻画出美丽的线条和图案了。

**（四）幼儿尝试拍泥板并作画**

1. 教师交代注意事项及安全、卫生要求。

2. 请先完成作品的幼儿轻声交流作品内容。

**（五）展示幼儿作品，幼儿互评，教师有选择地点评**

（略）

# "有趣的脸"活动设计

## 一、设计意图

幼儿对自己的五官充满好奇，活动中教师注意引导幼儿通过观察、欣赏，感知五官及表情变化，加深对自己的了解，学会悦纳自己。

## 二、活动目标

1. 通过观察、欣赏，感知五官及表情变化，重点关注脸部的凸起部分。

2. 学习用泥皮、泥条、泥团捏塑一张较完整的脸。

3. 能大胆想象创作，体验创作的乐趣。

## 三、活动准备

1. 有关脸的立体雕塑若干。

2. 陶泥及操作工具人手一份。

## 四、活动过程

### （一）谈话导入

1. 教师：请你们相互看看对方的头部，头部有什么？（头发、眉毛、眼睛、鼻子、嘴巴、耳朵等）

2. 教师：请仔细看，我的五官怎么了？

3. 根据幼儿的发言，教师小结：原来让脸上的五官动一动，会产生各种表情，如哭脸、笑脸、凶脸、俏皮的脸……有了表情的脸看起来生动有趣！

### （二）集体欣赏雕塑脸

教师：艺术家也做了许多生动有趣的脸的雕塑。请你挑一个最有趣的雕塑，说说自己的感受。

### （三）出示泥皮、泥条、泥团，幼儿进行创作活动

1. 教师：要想用陶泥成功地创作一张有趣的脸，可不是件简单的事！我们先要认识一下"泥家三兄弟"。

2. 教师：泥老大就像我们常用的饺子皮，名字叫泥皮；泥老二长得像油条，名字叫泥条；泥老三好像我们吃过的麻团，名字叫泥团。

3. 教师：现在就请你们用"泥家三兄弟"来制作一张生动有趣的脸吧！

### （四）幼儿操作，教师指导

（略）

### （五）展评幼儿作品

幼儿相互欣赏、交流、评价，分别选出"表情最有趣""五官最突出""装饰最有趣"的作品。

# "手的联想"活动设计

## 一、设计意图

小朋友小小的手可真可爱，可是他们却不知道自己的小手可以变出很多好玩儿的东西。本次活动让幼儿发挥想象，看看自己的小手能变成什么。

## 二、活动目标

1. 能用陶泥创作各种手的造型，并在此基础上进行大胆想象、添画。
2. 大胆表达自己的观点，能说出喜欢他人作品的理由。
3. 体验创造性陶艺活动带来的快乐和成就感。

## 三、活动准备

1. 投影仪、屏幕，关于手影的幻灯片。
2. 陶泥及操作工具人手一份。

## 四、活动过程

### （一）播放幻灯片，激发幼儿兴趣

1. 教师将手影幻灯片投射到屏幕上，启发幼儿想象。

教师：大屏幕上面有些什么？你发现上面的小秘密了吗？（小兔子、小狗、孔雀等手影形象）

### （二）师幼共同探索手的不同造型

1. 幼儿玩手影游戏。

2. 教师：变一变，看一看，小手变成了什么？（海螺、热带鱼、老鹰、小草、鸭子等）

### （三）演示创作过程

1. 教师展示手形。

教师：想一想，这个手形会变成什么，还能变成什么。（刺猬、孔雀、大树、金鱼、扇子等）

教师：手掌可以变成刺猬的身体，手指就是它的刺。

2. 教师继续展示手形，鼓励幼儿大胆想象。

教师：想一想，这个手形添上什么会变成什么。（公鸡、小船、卡车等）

3. 教师示范用陶泥做手形。

教师：先在泥板上摆好要画的手形，用工具从最外面的手指开始，仔细地沿着手的形状画，一直画到最后一根手指，把手和工具移开，泥板上就会出现要画的手形。添上花纹图案或变化手指，漂亮有趣的手形作品就完成了。

**（四）幼儿创作，教师指导**

1.鼓励幼儿自己变化手形，大胆创作。

2.指导幼儿进行细节装饰。

**（五）作品展示，鼓励幼儿大胆介绍自己的作品，学习评价同伴的作品**

教师：你的小手变成了什么？是怎样变的？你最喜欢哪一件作品？为什么？

# "神仙鱼"活动设计

## 一、设计意图

小朋友对海底世界充满了好奇和幻想，他们的想法都很奇特，创造出来的作品也是充满艺术性的，本次活动会无限地发挥孩子们的想象力。

## 二、活动目标

1.了解神仙鱼的外形特征，并学习在泥板上刻画出神仙鱼的外形。

2.尝试用贴画的方法表现神仙鱼身上的各种花纹。

3.能大胆创作，自由表现。

## 三、活动准备

1.鱼头饰若干。

2.音乐《水族馆》。

3.陶泥人手一份，操作工具若干。

## 四、活动过程

**（一）音乐游戏导入，幼儿戴上鱼头饰进行游戏**

1.教师：早晨海龙王打来电话，请我们这些小鱼到海底玩一玩。让我们出发吧！

2.教师：看，这里有许多照片。哪张是你的呢？（请幼儿找到和自己头饰一样的图片，并站在它的前面）

3.教师：这是什么？神仙鱼是什么样的？身上有什么样的花纹？（幼儿仔细

观察并讲述其特征）

4. 教师小结：神仙鱼就像是由一大一小的两个三角形组成的，身上的花纹五彩斑斓，很漂亮！今天，我们就用陶泥来制作神仙鱼吧！

**（二）引导幼儿学习在泥板上用刻画和贴画的方法制作神仙鱼**

1. 教师：我们怎样来制作神仙鱼呢？（幼儿讲述自己的制作经验）

2. 教师小结：我们先拍好泥板，然后在泥板上刻画出一大一小两个三角形，把两个三角形连接起来，最后用多余的泥巴制作成泥条或泥片来充当鱼身上的花纹。看谁的神仙鱼最特别，最神奇！

**（三）幼儿操作，教师巡回指导**

鼓励幼儿大胆制作，适当帮助能力弱的幼儿完成制作。

**（四）评价活动**

1. 幼儿相互交流自己的作品。

2. 教师对构思新颖的作品予以肯定。

# "奇妙的海底世界"活动设计

## 一、设计意图

大海深处是什么样子的呢？幼儿都对海底世界充满着好奇，通过本次活动，让奇妙的海底世界在幼儿小手中出现吧。

## 二、活动目标

1. 了解几种常见的海洋生物，综合运用搓、压、盘、捏等多种方法表现海底生物的形态特征。

2. 会利用多种废旧材料进行装饰。

3. 能充分想象，尽情创作。

## 三、活动准备

1. 幼儿已欣赏过海底世界相关视频。

2. 师幼共同收集各种废旧材料。

3. 音乐《水族馆》。

4. 陶泥及操作工具人手一份。

### 四、活动过程

**（一）谈话导入**

教师：我们一起欣赏过奇妙的海底世界。海底都有些什么？它们是什么样子的呢？（鼓励幼儿大胆交流）

**（二）分组讨论：用学过的多种方法塑造"奇妙的海底世界"**

1. 引导幼儿思考制作的内容及方法。

教师：你想制作些什么？准备怎么做？

2. 幼儿分小组讨论。

3. 请小组代表交流作品构思。

**（三）幼儿分组制作，教师巡回指导（播放背景音乐）**

1. 鼓励幼儿运用搓、压、盘、捏等方法来制作，以及利用各种废旧材料来装饰。

2. 教师适时帮助有困难的幼儿。

**（四）展示幼儿作品，引导幼儿创编故事**

1. 鼓励幼儿将本组的作品编成一个故事。

教师：请每组的代表来讲讲在你们的海底世界里发生的故事吧。

2. 教师对构思新颖的作品予以重点点评。

# "凉鞋"活动设计

## 一、设计意图

夏天到了，孩子们的小脚上都穿着颜色鲜艳、造型各异的小凉鞋，孩子们也非常喜欢自己的凉鞋，会让同伴去欣赏自己的凉鞋，那么本次活动就让孩子们自己用陶泥来制作凉鞋吧。

## 二、活动目标

1. 了解凉鞋的基本结构、特征。

2. 学习运用工具在泥板上刻画出各种形状的鞋底，并用各种方法装饰凉鞋鞋面。

3. 能在活动中充分想象，大胆创作。

## 三、活动准备

1. 课件：凉鞋图片多幅。

2. 组织幼儿观察凉鞋的构成，并布置"凉鞋城"场景。

3. 陶泥人手一份，操作工具若干。

## 四、活动过程

**（一）师幼共同在"凉鞋城"参观鞋展**

1. 教师：这些鞋子是在什么季节穿的？它们是什么样子的？请你和旁边的小伙伴说说。（幼儿自由观察，讲述）

2. 教师：你看到了什么鞋？它是什么样子的？

**（二）出示课件，引导幼儿观察不同的凉鞋**

1. 播放第一张课件。（妈妈的凉鞋）

教师：今天，老师也带来了一些凉鞋。看看，这会是谁穿的？它是什么样子的？

2. 播放第二张课件。（爸爸的凉鞋）

3. 依次播放第三、四张课件，引导幼儿观察女童凉鞋、男童凉鞋的特征。

4. 教师小结：你们观察得真仔细！我们发现妈妈的凉鞋是窄窄的、长长的，鞋面有细细的带子，还有漂亮的珠片呢！爸爸的凉鞋是宽宽的、肥肥的，鞋面非常简单。小朋友的凉鞋是小小的，非常可爱，还有许多有趣的装饰呢！

**（三）师幼共同探讨凉鞋的制作方法**

1. 教师：今天，请大家来做小鞋匠，用陶泥制作凉鞋。你准备为谁做？怎样做呢？（请个别幼儿回答）

2. 教师小结制作凉鞋的方法。

（四）教师交代制作要求，幼儿制作

（略）

（五）展示作品，评价总结

凉鞋展览，幼儿参观大家自制的凉鞋。

# "鞋子DIY"活动设计

## 一、设计意图

小女生多喜欢穿颜色靓丽、有可爱图案的鞋子，小男生多喜欢穿酷酷的鞋子，那么就让我们来制作属于自己的鞋子吧。

## 二、活动目标

1. 了解鞋子的种类及结构特征。

2. 学习运用各种技能创意制作鞋子。

3. 能充分想象，大胆制作。

## 三、活动准备

1. 幼儿有过制作凉鞋的经验。

2. 用各种类型的鞋子布置"创意鞋城"。

3. 陶泥人手一份，操作工具若干。

4. 音乐《鞋匠舞》。

## 四、活动过程

### （一）听音乐表演鞋匠舞，导入活动

1. 教师：听，这是什么声音？（鞋匠们在做鞋子了）让我们一起学着鞋匠的样子来做鞋子吧。（幼儿歌唱表演）

2. 教师：鞋匠的手可真巧！看一看，他们都做出了哪些鞋子呢。

**（二）师幼共同参观"创意鞋城"**

1. 教师：你看到了什么鞋子？它们是什么样子的？为什么要这样设计呢？（幼儿充分交流）

2. 教师小结：鞋匠可聪明了，为了方便运动，为我们做了运动鞋；为了让我们雨天走路不湿脚，做了高筒的雨鞋；夏天为了凉爽，做了镂空的凉鞋；冬天为了保暖，做了棉鞋或长筒的靴子……真是太能干了！

3. 教师：这么多鞋子，你最喜欢哪一种呢？为什么？

4. 教师：如果让你来设计鞋，你打算怎么设计？为什么？（引导幼儿创意设计，可以打破常规思维）

**（三）幼儿尝试自己制作鞋子**

1. 师幼共同探讨制作鞋子的基本步骤。

教师：你打算怎么用陶泥制作喜欢的鞋子？（幼儿根据经验讲述做鞋子的基本步骤）

2. 鞋子DIY。

教师巡回指导，及时发现幼儿的闪光点给予肯定；适时帮助能力较弱的幼儿。

**（四）展示作品，评价总结**

1. 把作品放在"创意鞋城"展示区，幼儿相互介绍、评价。

2. 请个别幼儿评价他们最喜欢的作品，鼓励幼儿介绍他们的得意之作。

3. 教师有目的地进行点评，可以从鞋的造型、鞋的创意、鞋的功能和制作手法等方面进行评价，对不足的、可以继续提高的部分给出建议。

# "笔筒"活动设计

## 一、设计意图

小朋友对笔筒都很感兴趣，本次活动就让小朋友了解笔筒的构造，学习用搓、捏、团、圆等技能制作自己喜欢的笔筒吧。

## 二、活动目标

1. 了解笔筒的构造，学习用搓、捏、团、圆等技能制作自己喜欢的笔筒。

2. 能熟练运用各种废旧材料进行装饰。

3. 能耐心倾听，大胆制作。

## 三、活动准备

1. 幼儿仔细观察各种笔筒，了解它们的基本形态。

2. 各种废旧材料，笔筒制作步骤图。

## 四、活动过程

**（一）参观"笔筒天地"，引导幼儿说说自己见到的笔筒**

教师：你们看见了什么样的笔筒？它有什么用途？

**（二）集体讨论笔筒制作方法**

1. 教师：我们怎样才能把泥条盘起来呢？（幼儿自由讨论）

2. 引导幼儿尝试各种方法并讲述方法。

3. 教师小结：先把泥搓成条，然后把泥条依次盘起来。先盘一个蜗牛形的底，再往上盘，注意边盘边将泥条的内侧抹平。还可以运用一些废旧材料装饰笔筒。

**（三）幼儿制作，教师巡回指导**

（略）

**（四）展示作品，引导幼儿相互介绍自己的笔筒**

教师对有创意的笔筒进行点评。

# "卷筒动物"活动设计

## 一、设计意图

什么是卷筒动物呢？让幼儿了解常见动物的外形特征，学习用泥板立体造型表现它们的特征吧！

## 二、活动目标

1. 了解常见动物的外形特征，并学习用泥板立体造型表现出它们的特征。
2. 根据自己制作的动物，编一编、唱一唱有关动物的儿歌。

## 三、活动准备

1. 幼儿对动物有一定的了解。
2. 陶泥、操作工具及综合材料人手一份。
3. 小熊头饰若干，磁带，录音机。

## 四、活动过程

**（一）教师与幼儿听音乐玩游戏：小白兔和大黑熊**

1. 教师与幼儿听音乐分角色玩游戏。

2. 教师：小白兔真开心，来找大黑熊做游戏。你们还想和其他动物做游戏吗？想和谁做好朋友呢？

3. 幼儿讲述。（要求讲清动物的名称、形态特征）

**（二）教师交代制作要求**

教师：今天，我们要用陶泥制作喜欢的动物朋友。你准备怎么做呢？

**（三）教师讲解制作方法**

教师：先把泥拍成泥板，再卷成一个卷筒，然后在卷筒上装饰小动物。

**（四）幼儿制作，教师巡回指导**

（略）

**（五）评价活动**

1. 幼儿布置动物园的场景，将自己的作品放置其中，相互讲一讲自己制作的动物。

2. 听音乐编一编、唱一唱《快乐的动物园》。

# "卷筒小人"活动设计

## 一、设计意图

卷筒动物让幼儿对泥塑卷筒很感兴趣，并想尝试做出不一样的东西。卷筒小人满足了孩子们的创作欲望，看一看孩子们是怎么发挥自己的想象力的吧！

## 二、活动目标

1.学习用泥板立体造型表现各种人脸的形状。

2.运用捏贴、刻画等方法表现人物高兴或生气等面部表情。

3.能充分想象，大胆制作。

## 三、活动准备

1.幼儿对人物的各种表情有一定的了解。

2.陶泥、操作工具及综合材料人手一份。

## 四、活动过程

**（一）师幼共同玩游戏：猜猜我的心情**

1.教师：我们脸上的表情会表现出不同的心情，比如开心的时候会有高兴的表情，生气的时候会有发怒的表情。现在请你们和好朋友一起玩玩"猜猜我的心情"的游戏，说说朋友的心情。

2.幼儿自由讲述。

**（二）教师交代制作要求**

教师：请你们在卷筒上把各自好朋友的表情做出来。你准备怎么做呢？

**（三）教师示范制作方法**

教师：先把泥拍成泥板，再卷成一个卷筒，注意一定要把泥板的两条边连接牢固，然后在卷筒上装饰人物造型。

**（四）幼儿制作，教师巡回指导**

（略）

**（五）将幼儿作品布置成"我的朋友"场景**

教师鼓励幼儿相互讲一讲自己的作品。

# "一片树林"活动设计

## 一、设计意图

树木挺拔的树干、茂盛的枝叶给树林增添了一份神奇的色彩，幼儿对树林中的一切充满着幻想，让幼儿自己动手，来创作一片印象中的树林吧。

## 二、活动目标

1. 用手捏的方法表现树的基本特征，并用多种综合材料装饰树林。

2. 能主动与同伴商量，合作创作，遇到问题能积极想办法解决。

3. 能大胆向同伴介绍，体验创作的乐趣。

## 三、活动准备

陶泥、操作工具及综合材料人手一份。

## 四、活动过程

**（一）故事引入活动**

1. 教师：一群小鸟飞累了，很想停下来歇一歇。但是四周没有一棵小树！怎么办呢？你们能够帮助小鸟"种"一片树林吗？

2. 教师：你们会帮它们"种"什么样的树林呢？（请幼儿边讲述边画出树的形态）

3. 教师小结：树由树干、树枝、树叶等组成。有的树是高高的、粗粗的、直直的，有的树是矮矮的、细细的、弯弯的。树叶也是各种各样的。

**（二）学习用手捏的方法制作树**

1. 将幼儿分成若干个小组，每组创作一片树林。

2. 幼儿分组讨论：要设计什么样的树林？准备怎样来制作？

3. 教师示范：先用一大块泥捏出树干，可以有粗，有细，有高，有矮；再捏出树枝，树枝可以向各个方向伸展；最后可以在树枝上制作不同形状的树叶。

**（三）幼儿分组创作树林，教师巡回指导**

提醒幼儿考虑清楚用什么方法来制作，怎样做才漂亮。

**（四）展示作品，相互欣赏、评价**

1. 每组派一名幼儿介绍树林的制作方法，并说一说制作时有没有遇到困难，遇到困难又是如何解决的。

2. 鼓励幼儿为自己小组的作品创编好玩的故事，教师对每组幼儿的作品适时作出综合评价。

# "小刺猬摘果子"活动设计

## 一、设计意图

讲述了故事《老奶奶的果树》后，幼儿都很喜欢故事中的小刺猬，而且对小刺猬用自己的刺来摘果子的做法充满了好奇。本次活动可以让幼儿制作小刺猬，用多种方式来装饰小刺猬，并再现小刺猬摘果子的情境。

## 二、活动目标

1. 学习用手捏的方法来制作小刺猬，表现出刺猬的形态特征。
2. 能运用多种方式装饰刺猬。
3. 合理利用辅助材料表现小刺猬摘果子的情境。

## 三、活动准备

故事背景图一幅，各种废旧材料若干，陶泥人手一份。

### 四、活动过程

**（一）教师出示陶泥，直接导入活动**

1. 教师：猜猜，老师会把它变成什么。

2. 教师示范：看看，老师把它变成了什么，是怎么变的。（教师边用泥做出刺猬的身体边用语言辅助介绍）

**（二）创设故事情节，激发兴趣**

1. 教师：小刺猬来干什么呢？请大家仔细听故事《老奶奶的果树》

2. 教师：一场大雨让老奶奶的果树上的果子掉下来不少。小刺猬很着急，如果果子不送回老奶奶家，会烂掉的，老奶奶该多伤心啊！怎么办呢？

3. 教师：小刺猬怎么帮助老奶奶呢？那么多果子掉在地上，一只小刺猬实在忙不过来，怎么办？

**（三）幼儿创作，教师指导**

1. 教师交代制作要求，提醒幼儿在创作中学习运用辅助材料装饰刺猬。

2. 引导能力强的幼儿制作好刺猬后，用陶泥制作果树和果子。

**（四）展示幼儿作品**

1. 把幼儿做好的小刺猬放在背景图前，构成"小刺猬摘果子"的画面。

2. 请幼儿为创作的作品创编故事。

# "调皮的我"活动设计

### 一、设计意图

通过卷筒小人的泥塑制作，幼儿对用泥塑制作小人更感兴趣了。这次活动让幼儿深入地进行人物创作，用陶泥创作出形态各异的小人。

### 二、活动目标

1. 能运用手捏、连接等技能表现人物的基本特征。

2. 能通过摆动人物的四肢，表现出人物的动态特征。

## 三、活动准备

1.幼儿事先收集自己喜欢的人物的图片资料，学会演唱歌曲《捏面人》。

2.背景音乐。

3.陶泥人手一份。

## 四、活动过程

**（一）播放音乐，幼儿自由表现运动员的运动姿态**

教师引导幼儿面对镜子学做各种运动姿势，引导幼儿注意观察动作。

**（二）谈话交流**

1.教师：你刚才做了什么动作？（引导幼儿用完整的语言表述）

2.请个别幼儿上台表演（如跑步），说说手和脚的姿势分别是什么样的。

3.教师小结。

**（三）师幼共同探讨制作过程**

1.教师：请你把刚才做的动作用泥捏出来。你会怎么做呢？

2.幼儿讨论，个别回答。

**（四）教师交代制作要求，幼儿制作**

（略）

**（五）请幼儿介绍自己的作品**

教师：你制作的人在做什么？你是用什么方法制作的？

**（六）幼儿在自由表演中结束活动**

请幼儿把自己捏的人编进歌曲里，自由表演，结束活动。

# "小蛇多多"活动设计

## 一、设计意图

通过语言领域故事活动"小蛇多多"，幼儿对小蛇的形态、习性更加感兴趣，那么就让幼儿来进行创作吧。

## 二、活动目标

1. 能用已掌握的捏、接、团圆、压印等技能，制作出故事中出现的形象。

2. 大胆创作，充分想象，注意细节刻画。

3. 了解故事内容，能说出几种水果的味道，知道再好吃的东西也不能多吃。

## 三、活动准备

1. 幼儿对常见水果有一定的感性认识。

2. 多媒体课件：小蛇多多。

3. 小蛇、蚂蚁、香蕉、葡萄、苹果和西瓜的图片若干。

4. 各种废旧材料。（如梳子、纽扣、瓶盖、牙签等）

5. 陶泥人手一份。

## 四、活动过程

**（一）故事导入**

1. 教师：小蛇多多和妈妈住在森林里，一天它想到外面去玩，于是它和妈妈打了个招呼就出门了。（播放多媒体课件）

2. 幼儿分段欣赏故事。

3. 幼儿完整欣赏故事，表演故事情节。（播放多媒体课件）

教师：小蛇多多和小蚂蚁真有趣！让我们再来听听故事，学学它们的样子。

4. 讨论：如果你看见这么多好吃的东西，你会怎么做呢？为什么？

5. 幼儿分角色表演故事。

**（二）师幼共同交流，探讨故事中的形象以及制作方法**

1. 教师：今天，我们要用泥巴来制作故事中的小蛇、香蕉、葡萄、苹果、西瓜和蚂蚁。做好以后，就用你的作品表演《小蛇多多》的故事，好吗？

2. 师幼共同讨论制作方法。教师：我们可以怎样制作这些东西呢？（幼儿讨论，教师可请个别幼儿示范自己的方法）

3. 教师：看看桌子上有什么？你们可以用什么来制作水果上的花纹或小动物的眼睛呢？让我们来试试吧！

**（三）幼儿创作，教师巡回指导**

（略）

（四）幼儿展示自己的作品，边展示作品边讲述故事

（略）

# "春天的秘密"活动设计

## 一、设计意图

美丽的春天，春暖花开，鸟语花香，莺歌燕舞，这样的景色怎能不让人动心？小朋友们用自己的小手来把我们的春天制作出来吧！

## 二、活动目标

1. 欣赏诗歌，尝试用泥塑的方式表现春天的景象。
2. 能用多种方式表现诗歌中的小动物。
3. 愿意与同伴一起协商，制作。

## 三、活动准备

1. 熟悉诗歌《春天的秘密》。
2. 陶泥、操作工具人手一份。

## 四、活动过程

**（一）复习诗歌《春天的秘密》，引导幼儿想象春天的景象**

1. 教师：请你们先闭上眼睛想一想诗歌中都说到了哪些春天的秘密。

2. 启发幼儿想一想：还有哪些是春天的秘密？（通过对诗歌的回忆，幼儿对春天的特征有了更深入的认识，为幼儿创作做好铺垫）

**（二）分组讨论：创作内容，分工事项**

1. 分组讨论。

教师：今天，我们要用陶泥来表现春天的秘密。你们想制作什么？和小组里的同伴共同商量。

2. 请小组代表介绍设计思路。

**（三）幼儿合作创作，教师巡回指导**

1. 教师在指导过程中，注意对各组内容保密。要求每组的内容要有不同的特点，为避免重复，教师可以提出一些有效的建议。

2. 提醒幼儿不要泄露所在小组的创作内容。

**（四）作品展示、评价**

（略）

# "棒棒糖" 活动设计

## 一、设计意图

我们基本上是玩着泥巴长大的，但是对于现在的孩子来说，玩泥巴成了少有的活动，因为大人们觉得泥巴不干净，不让孩子去玩。其实玩泥巴是一种很好的锻炼幼儿感知能力的方式，如果怕泥巴不干净，我们可以用橡皮泥等代替。所以就诞生了这么一堂泥塑课。

## 二、活动目标

1. 继续学习泥塑的简单工艺，能塑出花纹多样的棒棒糖。

2. 有初步的设计意识，有一定的想象力、创造力和动手能力。

3. 体验创作过程中的自主性和成就感。

## 三、活动准备

彩泥若干，泥工板，各种棒棒糖照片，半成品彩泥棒棒糖，吸管，放花泥的展台。

## 四、活动过程

**（一）创设情境**

1. 猜个谜语："红纸包，绿纸包，里面藏个甜宝宝。"

2. 请幼儿说一说都吃过什么样的棒棒糖，上面是什么花纹。

3. 出示没有花纹和有精美花纹的棒棒糖。教师：比一比，说说喜欢哪一种。

4. 教师展示几种彩泥制作的棒棒糖，注意它上面的花纹的变化。教师：看了这么多漂亮的棒棒糖，你想在棒棒糖上面装饰什么花纹？（幼儿互相讨论）

**（二）讲解制作要点**

1. 教师：我们怎样能使手中的棒棒糖变得漂亮呢？你想在棒棒糖上面做什么样的花纹？

2. 教师示范两种棒棒糖花纹制作方法：利用团圆的方法装饰，利用搓长的方法装饰。

3. 要求：色彩搭配合理，花纹独特、有创意。

**（三）幼儿制作**

教师巡视指导，及时表扬有创意的作品。

**（四）点评展示**

制作好后，幼儿把作品棒棒糖插到花泥中让大家一起欣赏，说说哪个棒棒糖设计得最漂亮，教师给予鼓励。

**（五）收拾桌面上多余的彩泥和材料**

（略）

# "十二生肖"活动设计

## 一、设计意图

让幼儿对中国传统的十二生肖有所了解并感兴趣，给幼儿介绍有关民俗文化，并引导幼儿对泥塑的运用进行练习。

## 二、活动目标

1. 引导幼儿观看图示塑造老虎形象。

2. 通过捏、揉、搓等技能捏出十二生肖的形象，并进行简单装饰。

3. 锻炼幼儿手部肌肉的协调性、灵活性以及培养幼儿的想象力、创造力。

## 三、活动准备

橡皮泥、紫砂泥、泥工板、各种辅助材料及泥工用具。

## 四、活动过程

### （一）导入活动，引起幼儿兴趣

1.（出示图片老虎）小朋友看，谁来了？老虎是怎样的？（引导幼儿说出老虎的基本特征）老师这儿有一些塑造老虎形象的图示，你们想不想自己看着图示来捏老虎呀？

2. 幼儿尝试看图示塑造老虎形象。

3. 提问幼儿：谁已经把老虎做好了？我们请他来为我们讲讲他是怎么做的，好不好？（请一两位幼儿上来讲述塑造过程，教师简单评价）

4. 十二生肖中除了老虎外，你还知道有什么小动物呀？（幼儿回答）

5. 教师：小熊新开了一家土玩店，它告诉我它的客人需要一批十二生肖，想请我们小朋友来帮忙，你们愿意吗？今天，我们就一起来帮助小熊做十二生肖。老师在桌上还准备了一些材料，你们可以发挥想象把小动物装饰得更生动，更可爱。

### （二）幼儿操作，教师巡回指导

要求幼儿给小动物做出各种不同的姿势，并动动脑筋把小动物装饰得更让人喜欢。

### （三）评价结束活动

1. 请个别有创新的幼儿上来讲述他的作品，并进行表扬鼓励。

2. 请幼儿参观同伴制作的小动物并相互介绍各自的作品。

3. 教师：小朋友做的十二生肖可真好，小熊见了一定会喜欢的。现在拿好你做的小动物一起给小熊送去吧。

# "美味蛋糕"活动设计

## 一、设计意图

蛋糕店里各式各样的蛋糕好看又好吃，小朋友们大都喜欢吃美味的蛋糕，那么就让小朋友们来制作他们喜欢的蛋糕吧。

## 二、活动目标

1. 通过活动，认识各种蛋糕的外形，了解不同形状的组合变化。
2. 综合运用揉、搓、团、压等技能来制作和装饰蛋糕，锻炼幼儿的肌肉。
3. 幼儿间进行简单的合作，发挥合作精神。

## 三、活动准备

橡皮泥、蛋糕图片。

## 四、活动过程

**（一）欣赏讨论**

教师：小朋友们，你们喜欢吃蛋糕吗？你们吃过什么形状的蛋糕呢？它们是什么味道的呀？

**（二）教师出示各种蛋糕的图片，请幼儿观察蛋糕的外形及装饰**

教师：我们来看一看这些蛋糕上面都有什么吧。

**（三）请幼儿说一说想做什么样的蛋糕**

教师：你们想不想制作好看的蛋糕呢？你们想做什么样的呢？

**（四）教师指导幼儿用揉、团、压的方法先完成蛋糕的第一层**

请幼儿自由选择形状。

**（五）幼儿自己用搓、压、团的方法装饰蛋糕**

幼儿：瞧，我做的水果蛋糕。

幼儿：我要做一圈奶油，呵呵，好甜。

幼儿：我做的可是有巧克力的蛋糕。

**（六）幼儿将自己的单层蛋糕与同伴的组合，做成多层蛋糕，再做装饰**

教师：我们来给蛋糕添上好看的装饰物吧。

**（七）欣赏、评价幼儿作品**

（略）

# "剑龙"活动设计

## 一、设计意图

千百年来，我们的民间艺术家们用他们的巧手把一团团泥巴变化成一个个造型优美、形象可爱的艺术品。今天，我们将用泥塑这种艺术表现形式制作自贡的大三绝之一——恐龙。

## 二、活动目标

1. 了解自贡的大三绝、小三绝，以剑龙为例学习泥塑。

2. 通过欣赏，分析剑龙的造型特点、色彩搭配，学会用泥塑这种表现形式制作剑龙。

3. 体会陶泥的独特造型能力，在作品中传达情感，激发对泥塑的认知和热爱，激发对家乡传统文化的热爱。

## 三、活动准备

1. 陶泥人手一份。

2. 多媒体课件。

## 四、活动过程

### （一）通过视频引入主题

教师：小朋友们，自贡被称为恐龙之乡，恐龙也是自贡大三绝之一。自贡有大三绝和小三绝，请问同学们知道大三绝还有什么吗？小三绝有些什么？我们来

看看视频吧。自贡有三绝，分为大三绝和小三绝，大三绝有盐史、彩灯和恐龙，小三绝有龚扇、扎染和剪纸。

**（二）展示剑龙图片，引导幼儿观察剑龙的外部形态**

教师：请小朋友们观察一下图片上这只剑龙，它的身体是由哪些部分组成的？

小结：头、颈、躯干、四肢、尾巴、骨板。

**（三）指导幼儿用泥塑制作剑龙**

教师：今天，我们就用泥塑这种表现形式来制作剑龙吧。

幼儿制作，教师巡回指导。

**（四）欣赏、评价幼儿作品**

（略）

# "小蜗牛"活动设计

## 一、设计意图

每一种小动物都需要我们去保护，弱小可爱的蜗牛更需要我们爱护。让孩子们去观察蜗牛的外部特征，用橡皮泥来制作蜗牛，更能激发孩子们喜欢小动物、爱护小动物的情感。

## 二、活动目标

1. 学习运用捏、团、搓、卷等技能，使用橡皮泥做蜗牛。
2. 感受泥工活动的乐趣。
3. 激发喜欢小动物、爱护小动物的情感。

## 三、活动准备

橡皮泥、火柴若干，课件，背景音乐，背景桌面。

## 四、活动过程

### （一）播放课件，引起幼儿兴趣

先出示泥工蜗牛的身体，请幼儿猜猜这是什么，发散幼儿思维，引起幼儿兴趣。询问幼儿还有没有不同的想法，再出示蜗牛的壳，请幼儿接着猜。最后出示完整的泥工蜗牛图片，请幼儿说说小蜗牛长什么样子，用什么材料做成，是怎么做出来的。（幼儿发言）

### （二）示范讲解

教师示范讲解，提醒要点：先选一种颜色的橡皮泥把它捏软，团成球，搓长做蜗牛的身体；再选另一种颜色的橡皮泥搓长，从一头开始卷，要卷得紧一点，做蜗牛的壳；最后可以用火柴做小蜗牛的触角和眼睛。

### （三）渗透教育

教师：小蜗牛喜欢阴暗、潮湿的环境，特别喜欢在晚上或下雨的时候出来玩，最怕太阳晒了，所以，小朋友在外面看见蜗牛时，能把它放在太阳底下跟它一起玩吗？对，我们要爱护小蜗牛。这只蜗牛有些孤独，我们来帮它做一些小伙伴吧！

### （四）幼儿操作

教师提出明确的要求：橡皮泥、火柴不能吃，不能往地上扔；不和别人争抢橡皮泥；火柴头很尖，不能对着其他小朋友和自己的眼睛。（配班教师分发橡皮泥和火柴）

教师和幼儿一起制作蜗牛，注意用口诀引导幼儿。

请幼儿帮做好的小蜗牛再做一个小伙伴，教师巡回指导，及时表扬鼓励。

### （五）游戏

设计一个桌面充当蜗牛的温馨小家，请幼儿将做好的蜗牛搬到小家里来。

### （六）讲评幼儿作品

（略）

### （七）活动结束，听音乐表演小蜗牛

（略）

# "可爱的小兔子"活动设计

## 一、设计意图

幼儿对可爱的小动物往往毫无招架之力，小兔子对他们来说更是有着无法抗拒的吸引力。那么就让幼儿来制作属于他们自己的兔子宝宝吧。

## 二、活动目标

1. 运用团、压、搓等泥工技巧，塑造出简单的小动物形象，并能够简单刻画形象细节。

2. 养成认真细致的制作习惯。

## 三、活动准备

玩具兔子一只，各色彩泥、泥工板、工具若干。

## 四、活动过程

**（一）准备活动**

教师（出示玩具兔子）：你们看，我带谁来了？（小兔子）

教师告诉幼儿这个兔子的名字叫"叮叮"，引导幼儿围绕兔子的外形进行观察和讨论。

**（二）基本活动**

1. 教师引导幼儿重点描述兔子的耳朵、身体和尾巴的特征。

2. 教师：兔子的两只耳朵长长的，头是圆的，身体是椭圆形的，四条腿短短的，尾巴也是短短的，眼睛是红红的，嘴巴是三瓣的。

3. 教师：小兔子叮叮没有朋友，我们帮它做一些好朋友吧。

4. 教师边示范边讲解制作过程：首先将彩泥平分成两份，其中一团泥再平分为两份，用一份搓一个椭圆形的身体，另一份搓出四个小球做兔子的四肢；另一团泥平分为两份，其中一团团一个圆形的头，剩下的一团再分为三份，一份搓成一条短尾巴，其余两份搓成两只耳朵，耳朵要搓成一个椭圆形再压扁；最后用另外一种颜色的彩泥做耳朵的内部，粘上眼睛和鼻子，小兔子就做好了。

5. 交代要求，幼儿操作，教师指导。

6. 教师：现在请你们帮小兔子再做一个好朋友，两只小兔子的头可以看不同方向。（鼓励幼儿做不同姿态的小兔子）

7. 教师巡回指导，重点帮助幼儿解决各部分粘贴问题以及嘴巴和眼睛的塑造问题。

8. 教师辅导动手能力差的幼儿，对个别能力较强的幼儿还可以鼓励他搓一个胡萝卜喂兔子吃。

**（三）结束活动**

展示幼儿作品，看看谁的小兔子最可爱。

# "好玩的泥巴"活动设计

## 一、设计意图

幼儿对泥类的喜爱源自生活，幼儿园泥塑课教学以玩为载体，在玩中渗透技术练习，在玩中寻找表现内容，在玩中进行师生互动。

## 二、活动目标

1. 发展幼儿的动手能力。
2. 发展幼儿的想象、推理及判断能力。
3. 让幼儿体验玩泥巴的乐趣。

## 三、活动准备

1. 收集各种废旧内包装盒（幼儿人手一件）。
2. 和好的红胶泥。

## 四、活动过程

### （一）出示模型，引出课题

1. 出示用布遮盖的模型，引导幼儿展开思维想象。

教师：小朋友们，老师给你们带来了一个神秘的礼物，你们猜猜它是什么？

教师：现在我想找一个小朋友用手摸一摸它是什么。

教师：这到底是什么呢？

2. 验证幼儿的猜测推理。

3. 出示模型。

教师：小朋友们，你们想知道老师的这个模型是怎么做成的吗？

### （二）出示其他模型，引导幼儿展开想象推理

1. 掀开布条，露出模型。

教师：小朋友们，老师给你们带来了这样的内包装盒，你们想看看吗？

2. 幼儿充分观察老师提供的内包装盒。

教师：你觉得这个盒子原来是装什么的，你怎么知道的？

### （三）鼓励幼儿用包装盒做模型

教师：你们想不想用这些包装盒做模型？今天，老师就满足你们的愿望（出示泥巴），让你们来做一些好玩的模型吧。你们可以在泥上印出自己的小手。

幼儿用手中的内包装盒制作模型。

### （四）展示幼儿作品

幼儿的个性差异较大，有的幼儿胆小、内向，不敢表现、展示自己，对这些幼儿为他们提出合理的建议，鼓励他们，并将他们的作品展示出来。

# "餐具"活动设计

## 一、设计意图

碗、盘子、勺子、筷子都是厨房里可以见到的，幼儿对这些餐具的制作过程肯定充满好奇。本次活动引导幼儿进行操作学习，并发展幼儿手指动作的灵

活性。

## 二、活动目标

1. 引导幼儿进行操作学习，在会团、搓、压泥的基础上，学习压坑、捏边的技能，表现餐具的基本形状和特征。

2. 引导幼儿学习按物体的不同大小分泥，培养幼儿根据实物独立塑造的能力。

3. 发展幼儿手指动作的灵活性。

## 三、活动准备

1. 幼儿课前观察家里的餐具，如碗、盘子、勺子、筷子。

2. 陶泥、泥工板若干，把玩具娃娃、桌、椅摆成将要就餐的场景。

## 四、活动过程

### （一）导入活动

出示玩具娃娃即将就餐的场景。

### （二）引导幼儿观察或回忆实物餐具，教师讲解示范制作餐具的方法

碗：从上向下看，是一个圆圆的凹坑。要先将泥团圆，再用大拇指压个坑，大拇指在坑内，其余四个指头在坑外，边捏边转动泥，只要把边捏得一样薄就行了。

盘子：从旁边看，圆圆的扁扁的，中间低，边稍高。先把泥团圆、压扁，再用大拇指和食指把边捏得稍竖起来即可。

### （三）幼儿制作

教师巡回指导幼儿的制作。

### （四）捏制小餐具

重点让幼儿用团圆、压坑、捏边、压扁、搓等技能捏制小餐具。

### （五）将做好的餐具送到娃娃餐馆

将做好的餐具放到玩具娃娃面前，请玩具娃娃"吃饭"。

# "泥狮子"活动设计

## 一、设计意图

可爱的狮子大家都喜欢，泥狮子也不例外。让小朋友们观察泥狮子，知道狮子的基本构造，学会利用一些技巧制作泥狮子，体验玩陶泥的乐趣。

## 二、活动目标

1. 观察泥狮子，知道狮子的基本构造。
2. 学会利用一些技巧，如搓长、压扁、团圆等，制作泥狮子。
3. 体验玩陶泥的乐趣。

## 三、活动准备

每人一盒橡皮泥、一个泥工板。

## 四、活动过程

### （一）以绘本《鼠小弟的小背心》导入，激发幼儿兴趣

教师：你见过狮子吗？它长什么样子？

小结：狮子有着长圆形的头，一双锐利的三角眼，它那满头的毛看上去很威武，身体圆圆的，四条腿十分粗壮，尾巴像条小棒，尾巴末还有一小团毛。

### （二）幼儿自主尝试用橡皮泥捏狮子

教师：你们觉得可以用什么方法捏出一头狮子？

教师：可以先捏出狮子的什么部位？（幼儿尝试）

教师：仔细观察，你觉得狮子的这个部位是什么形状的？长得像什么？会用到哪一种捏橡皮泥的技巧？接着捏什么部位？

教师：狮子都捏好了吗？

### （三）评价

教师：你觉得你捏出的狮子怎么样？什么地方可以改进？应该怎么做？

# "萝卜的一家"活动设计

## 一、设计意图

以"萝卜娃娃的一家"为主题背景展开活动，教师为幼儿创设一种宽松、愉快的情境，以游戏形式激发幼儿的兴趣，让他们在情境中主动地去学习、探索、操作。

## 二、活动目标

1.在观察的基础上，学习用团、搓、捏、拉等技能来制作萝卜。

2.根据萝卜的主要外形特征，制作大小、粗细不同的萝卜，并能保持作品干净，不混色。

3.有步骤地进行制作，体验制作"萝卜的一家"的乐趣。

## 三、活动准备

1.课件：包含故事情境和制作步骤的课件。

2.橡皮泥、泥工板、棉棒、展示盘。

## 四、活动过程

### （一）以"萝卜娃娃的一家"导入课题，激发幼儿活动的兴趣

教师创设"萝卜娃娃的一家"的情境，幼儿在观察各种萝卜的基础上，萌发制作的兴趣。

### （二）教师引导幼儿看图示学习萝卜的制作方法

1.观看课件，通过观察分析、尝试操作，学习按步骤制作萝卜。

出示第一幅图片（制作萝卜身体的两步图示），提问幼儿萝卜的身体是用什么方法做出来的，请一名幼儿试一试怎样可以让萝卜的身体变大或变细，引导幼儿探究萝卜的大小粗细与泥的多少、搓的力度大小之间的关系。

出示第二幅图片（制作叶子的三步图示），引导幼儿观察比较第二幅和第一

幅图示的不同，重点讲解印叶纹的方法——用棉棒轻轻地在叶子中间压印一次，然后分别在中间的叶纹两侧对称压印花纹。

出示第三幅图片（组合完整的萝卜图示），提问幼儿萝卜的叶子和身体是怎样组合到一起的，请一名幼儿试试。

2. 观察不同形状的萝卜范例，了解其制作方法。

出示第四幅图片（不同的萝卜图片），引导幼儿观察萝卜一家的不同，重点讲解制作圆形萝卜的方法——把橡皮泥团圆后，在圆球的下面用手指捏一捏，向外轻轻一拉变出一个尖尖角。

**（三）幼儿看图示制作萝卜，教师针对不同能力层次的幼儿进行指导**

1. 教师介绍材料。

2. 教师提出制作要求：请看图示制作。

3. 幼儿制作，教师巡回指导。

教师提醒幼儿：选择合适的泥块制作大小、粗细不同的萝卜一家；注意保持作品干净，不混色。

4. 教师引导能力强的幼儿制作不同形状的萝卜。

**（四）引导幼儿展示、欣赏、评价作品**

1. 围绕"你做的'萝卜的一家'都有哪些成员？它们有什么不同？你最喜欢哪一家的萝卜？"进行评价。

2. 教师以萝卜娃娃的口吻进行小结。

# 水 粉

## 活动设计

# "白桦林"活动设计

## 一、设计意图

《幼儿园教育指导纲要（试行）》强调在艺术教育领域，引导幼儿接触周围环境和生活中美好的人、事、物，丰富他们的感性经验和审美情趣，激发他们表现美、创造美的情趣。在一次散步中幼儿发现地上落满了树叶，有红的、黄的、绿的等五彩缤纷，美丽极了。既然幼儿对秋天的落叶很感兴趣，白桦林又是幼儿不常见到的树木种类，为了进一步丰富幼儿对各种颜色运用和搭配的经验，发展幼儿作画的技能和创造想象的能力，我设计了美术活动"白桦林"，让幼儿尝试用水粉作画的方法来创作《秋天的白桦林》。

## 二、活动目标

1. 通过观察和交流进一步了解白桦林的外形特征。

2. 尝试运用点涂的方法来表现白桦林，能根据绘画内容对页面布局进行简单的思考。

3. 感受秋天白桦林的洁白、雅致及热烈。

## 三、活动准备

1. 经验准备：认识白桦林，有画单棵树的经验。

2. 物质准备：白桦林PPT、背景音乐、多媒体设备、水粉颜料、抹布等。

## 四、活动过程

### （一）调动幼儿的已有经验，让幼儿进一步了解白桦林的外形特征

教师：小朋友们快看它是什么树？它是什么样子的？（出示白桦树图片）

师幼小结：白桦林的树干直直的、高高的、白白的，上面有一些黑色斑纹，斑纹有的像眼睛，有的像……树干上长了许多细细长长的树枝，树枝上长满了小

小的叶子。

**（二）幼儿欣赏秋天的白桦林，能用丰富的语言表达自己对洁白、雅致及热烈的白桦林的感受**

教师：白桦林是什么样的呢？树叶是什么颜色的？这是什么季节的白桦林？你看到这样的白桦林有什么样的感觉？除了树叶的颜色不一样外，还有什么不一样呢？

**（三）幼儿欣赏关于秋天白桦林的作品，讨论白桦林的表现方法**

教师：今天，我们也要画白桦林，你想画几棵白桦树？和你旁边的小朋友说一说。

教师：你想画几棵什么样的白桦树？画在什么位置？怎么画？先画什么？后画什么？树枝是什么样的？你准备用什么颜色来画树叶呢？

**（四）幼儿随乐创作《秋天的白桦林》**

教师对幼儿进行指导。

**（五）展示幼儿作品，引导幼儿相互欣赏和交流**

教师：今天，我们画了秋天的白桦林，谁愿意来给大家介绍一下你的白桦林？

# "我们很快就长高"活动设计

## 一、设计意图

进入中班，孩子们的身高自然会发生变化，引导孩子们发现自身身高的变化，感受其中的奥秘。长高是小朋友小小的心愿，虽然这个心愿是人力没有办法完成的，但是我们可以引导小朋友正确认识身高与成长，为此我设计了这次活动"我们很快就长高"，让孩子们通过活动感受身高的变化，体会其中的奥秘。

## 二、活动目标

1.感受自己在长大，并为自己长大而高兴。
2.在观察的基础上，尝试用水粉颜料表现动态的身体。

## 三、活动准备

1. 材料准备：16开长方形纸、水粉颜料、毛笔或水粉笔。

2. 知识经验准备：观察四肢的运动；听过故事《你很快就会长高》；观察小班时期的照片，对比自己的成长。

3. 空间准备：桌面铺设桌布，桌椅按一定造型摆放。

## 四、活动过程

### （一）回忆故事，创设情境

共同欣赏绘本《你很快就会长高》。

教师：阿力希望自己很快就长高，你们有什么方法让自己长高？

教师：大家都长高，长大了！快来和小组里的朋友们比一比，看看谁最高。

### （二）教师引导，幼儿操作

教师：先画人物的头部，头圆圆的、大大的，尝试画一画自己和好朋友的头。

教师：升中班啦，在幼儿园里我们已经是小哥哥小姐姐了。对比小班时期的照片，我们长大了，手、腿也长长了。

（表现伸展开的、运动着的四肢）

提示：表现动感的四肢并不难，让手和脚不对称，飘动起来，人物的动态就能表现出来。扭一扭身体，弯弯腰，把壮壮的身体侧过去。

教师：长长的手臂向上翘，长腿伸到外面去，我们都是大长腿。如果可以做到让画面中每个人物的动态都不一样就更棒了。画一画高高的小朋友，敢不敢画到纸的外面去？

（丰富五官）

教师：把玩耍的小朋友的五官找出来吧。大眼睛、小眼睛、弯弯的眉毛、翘翘的睫毛，每个动态人物的五官都不一样。

### （三）展示分享，欣赏同伴作品

教师：这幅作品中有好几个小朋友在玩耍，每个小朋友的动态都不一样，真棒！怎样可以长得高？多运动、不挑食、充足的睡眠都可以帮助我们快快长高。希望小朋友们长得更高！

# "有趣的脸"活动设计

## 一、设计意图

绘画活动是深受幼儿喜爱的艺术形式之一，它能够有效促进幼儿手眼协调能力的发展，锻炼幼儿的观察力、想象力与创造力，同时有助于培养幼儿的专注力和审美情趣。中班幼儿正处于形象思维迅速发展的阶段，他们对周围世界充满好奇，喜欢用绘画来表达自己的认知与情感。根据《3—6 岁儿童学习与发展指南》，中班幼儿在艺术领域应能尝试用绘画等多种方式表现自己观察或想象到的事物。本次活动以绘画有趣的脸为主题，为幼儿提供丰富的创作素材与自由宽松的创作空间，激发幼儿的绘画兴趣，提升其绘画表现能力与审美素养。

## 二、活动目标

1. 欣赏漫画作品，感受人物脸形、五官的夸张变形。
2. 尝试用夸张、变形的手法，对人物面部进行大胆想象和创作。
3. 感受夸张和变形的乐趣，拓展思路，大胆表现自己的想法。

## 三、活动准备

1. 幼儿欣赏过各种夸张的脸的漫画作品。
2. 脸部图片若干。
3. 各种大小的刷有底色的铅画纸，黑色水粉颜料。

## 四、活动过程

**（一）欣赏漫画作品，感受脸部的夸张、变形**

教师：前几天我们看了一些漫画作品，这些画家的作品有什么特别的地方？

教师：我们一起看看他们把脸变成什么样子了。

教师小结：这些画家喜欢用夸张、变形的方法来进行创作，这样可以强调脸部的某些特点。

**（二）引导幼儿讨论，重点欣赏五官各种有趣的变形**

教师：除了脸型可以变外，你觉得我们脸上还有什么地方可以变？我们看看画家是怎么变嘴巴、眼睛、耳朵的。

教师出示嘴巴部位夸张变形的图片，引导幼儿欣赏。

教师：这些图片中的嘴巴特别在什么地方？这张图片中的嘴巴像什么？牙齿像什么？

教师出示眼睛部位夸张变形的图片，引导幼儿欣赏。

教师：这些图片中的眼睛是怎么夸张变形的？这张图片中的人，眼睛特别的小，像什么？

教师出示耳朵部位夸张变形的图片，引导幼儿欣赏。

教师：看到各种各样变形的脸后，你有什么样的感觉？

教师小结：这些作品让我们觉得很有趣！原来我们可以用移动五官位置、改变五官大小的方法对五官进行夸张、变形。

**（三）明确要求，幼儿创作**

教师：今天，我们就把自己的脸变一变。你想把脸变成什么样子？把脸上的一个部位变成什么样子？想用移动位置的方法还是改变五官大小的方法？

**（四）相互交流作品，感受脸部的夸张变形**

教师：你画的脸哪里变形了？变成什么样子了？你最喜欢哪一个作品？为什么？

# "秋虫的歌"活动设计

## 一、设计意图

秋天的花园里，孩子们惊喜地发现草地上蹦跳的蚱蜢、忙碌的蚂蚁。"这是什么虫子？它会飞吗？""咦，怎么有的小蚱蜢是绿的，有的是褐色的？""小蚂蚁爬来爬去在干什么？""小蚂蚁这么小怎么搬东西的？"孩子们也忙碌起来，开始了探索秋虫之旅。为了激发孩子们对自然的热爱，保持孩子们的好奇心，我设计了这次活动"秋虫的歌"，让他们了解昆虫的基本特征，为这些昆虫开一场音乐会。

## 二、活动目标

1. 观察秋天的树叶，了解秋天的季节变化。
2. 在树叶拓印的基础上添加叶脉，并尝试用毛笔表现秋天的昆虫。

## 三、活动准备

1. 长方形宣纸、水粉颜料、毛笔、中性笔、抹布、一次性台布、反穿衣、能够播放PPT和音乐的设备。

2. 带领幼儿在园内散步，收集各种颜色的落叶；事先调试好水粉颜料（红色、焦黄色、咖啡色等能表现秋天树叶美的颜色）。

3. 桌面铺设毛毡，桌子拼接成长条形。

## 四、活动过程

**（一）观察秋天的树叶，了解秋天的季节变化**

教师播放背景音乐《秋日私语》，展示秋天树叶的图片。

教师：秋天来了，秋风轻轻地吹，你们看，树叶慢慢地变黄变红……

教师：秋风吹，小树叶飘呀飘，请你们来捡树叶。你捡到了什么样的树叶？

**（二）观察讨论**

展示放大的树叶图片，观察叶脉。

教师：你们仔细看看，每片叶子上有什么？这一条条细细的线，我们把它叫作叶脉。

展示昆虫的图片。

教师：你们看，这些美丽的树叶上有什么？蟋蟀、蝈蝈、螳螂、瓢虫这些小昆虫和小树叶成了好朋友。

拓印想象。

用叶子蘸颜料拓印。

教师：用树叶拓印，多印几片，有的树叶可以叠放在一起。用棉签或中性笔添画叶脉。（难点：想象添画叶脉和昆虫）

教师：给树叶添加叶脉和叶柄，就像穿上了漂亮的花衣裳。注意叶脉的长短粗细不一样。还可添画个别被虫子啃咬出的洞。

播放课件，观察秋天的昆虫。

教师：它们是秋天的虫儿，秋虫唱着清凉的歌曲，让秋天的景象更加动人。用细细的笔表现昆虫。

教师：认真观察昆虫的样子，能够画出足和触角上的绒毛，表现出翅膀上的细微斑纹，你就是高手啦！

**（三）展示作品**

播放课件，欣赏音乐和秋虫的鸣叫声。

教师：秋风起，一片片树叶落在地上。哪些秋虫来捡落叶？蟋蟀来捡落叶，螳螂、蝈蝈也来了。落叶为小虫子们搭起帐篷，它们快活地围着树叶唱歌、跳舞。

# "腊八粥" 活动设计

## 一、设计意图

在腊八节吃腊八粥是中国的传统习俗，让幼儿通过这次活动丰富对腊八节的认识，熟悉腊八粥的食材，了解人们为什么要吃腊八粥等，丰富其对传统习俗的认知，让其在活动中感受浓浓的年味。

## 二、活动目标

1.了解吃腊八粥是腊八节的传统习俗。
2.运用拟人的手法，添画腊八粥食材。

## 三、活动准备

1. 材料准备：水粉颜料、棉签、记号笔、调色盘、中性笔、抹布、一次性台布、反穿衣；腊八粥制作材料的图片，如大米、小米、红枣、红豆、绿豆、莲子、花生米等；不同的谷物，供幼儿玩拼贴游戏，熟悉原材料。

2. 知识经验准备：幼儿品尝过腊八粥。

3.空间准备：教室周围布置不同谷物的图片，让幼儿认识这些原材料。

## 四、活动过程

### （一）观察图片，倾听故事，激发兴趣

教师讲述腊八节的含义，让幼儿了解吃腊八粥这一习俗。

教师：农历腊月初八是一个特别的日子，叫"腊八节"。古时候每年的这天，古人都会祭祀祖先和神灵，祈求丰收吉祥，每家每户都要吃腊八粥，这一习俗流传至今。腊八粥是一种由多种食材熬成的粥。

### （二）认识腊八粥，幼儿操作

1. 认识腊八粥的制作材料，说出食材的名称，知道各种谷物、干果等都可以制作腊八粥。

教师：每逢腊八节，这些腊八粥成员就像家人一样热热闹闹来过节。看！红枣爷爷、核桃奶奶、红豆阿姨、莲子弟弟、小米姐姐都来了。它们的颜色、大小、形状各不相同，让我们仔细看一看。红枣爷爷皮肤皱皱的，莲子弟弟又白又胖，小米姐姐黄黄的小小的……

2. 用棉签蘸水粉画腊八粥食材。添画提示：画出大小、颜色不同的腊八粥食材。

教师：小朋友们邀请腊八粥成员到你的"碗"里来，做碗腊八粥吧！用棉签蘸颜料画出不同的腊八粥成员，它们有的大，有的小；有白色的、红色的，也有黄色的；有圆形，也有椭圆形；大小、颜色、形状都不一样。

教师：多种食材熬出来的粥也更香哦！可以画出葡萄干、桂圆、莲子、红枣等。

3. 添画食材的五官，手和脚。添画提示：使用双线条添画食材的身体，拟人化表现各种食材。

教师：请你给这群八粥成员添画眼睛、鼻子、嘴巴。

教师：腊八粥成员个个都很强壮，画它们的手和脚时，一根线条太单薄了，多画几根线条，这样才有力量。转转画纸，你可以从不同的方向看一看，绿豆叔叔、红枣爷爷都在干什么。

4. 幼儿从不同方向对食材进行添画。

### （三）作品展示

教师：你的腊八粥颜色可真丰富，一定美味又营养，老师也很想尝一尝。

教师：大米、小米、红枣、花生，你碗里的腊八粥成员可真多，吃了它们，

身体倍精神，明年肯定是个丰收年。

教师：我们在腊八节围坐在一起吃着腊八粥，品尝丰收的喜悦。也是从这一天起全家人开始备年货，迎接新年的到来。

# "刺猬背果果"活动设计

## 一、设计意图

随着秋天主题活动的开展，幼儿对秋天的认知也越来越丰富。秋天是水果丰收的季节，通过设置情景，让幼儿喜欢的小刺猬来帮助老奶奶背果果，激发幼儿乐于助人的情感，让幼儿在秋天这一背景下，学画小刺猬，丰富画面，体验其中的乐趣。

## 二、活动目标

1.观察刺猬，尝试用半圆形来表现刺猬的身体。
2.用手指点涂的方式来表现小刺猬的果果；用辅助材料添画，丰富画面。
3.感受点涂带来的乐趣，体验水粉创作的趣味性。

## 三、活动准备

1.经验准备：认识刺猬，了解刺猬的基本特征。
2.物质准备：PPT、背景音乐、多媒体设备、水粉颜料、抹布等。

## 四、活动过程

**（一）调动幼儿的已有经验，让幼儿进一步了解刺猬的外形特征**

教师：这是什么？小刺猬的身体是什么形状的？它的身上有什么？有什么用？

教师小结：小刺猬的刺不仅可以用来抵挡敌人、保护自己，还可以用来帮助老奶奶背果果。

**（二）创设故事情节，激发兴趣**

教师讲述故事《老奶奶的果树》。

教师：一场大雨让老奶奶的果树上的果子掉下来不少。小刺猬很着急，如果果子不送回老奶奶家，会烂掉的，老奶奶该多伤心啊！怎么办呢？

教师：小刺猬会怎么帮助老奶奶呢？那么多果子掉在地上，一只小刺猬实在忙不过来，怎么办呢？

**（三）幼儿创作，教师巡回指导**

教师交代绘画要求。

教师：你们把小刺猬请出来以后，快用你的小手指让它帮老奶奶背果果吧！（提醒幼儿在创作中学习运用辅助材料制作刺猬）小刺猬在哪里背果果？打算运到哪里？

**（四）展示幼儿作品**

教师把幼儿做好的小刺猬放在背景图前，构成"小刺猬背果果"的画面。

请幼儿将创作的内容用故事的形式分享给家人。

# "星空之夜"活动设计

## 一、设计意图

幼儿美术教育的价值在于它能激发情趣，激活兴趣，培养幼儿的创新意识，赋予幼儿满足感和成就感。夜晚的天空神秘美丽，闪烁的星星像一只只明亮的眼睛，点点滴滴的光芒融会在一起，是多么的绚丽！美丽的星空对于孩子们来说充满着神奇色彩，本次活动，让幼儿感知色彩的变化，使用两只画笔敲击的方法，发挥想象力，大胆创作。

## 二、活动目标

1. 通过谈话、欣赏活动，幼儿自由想象，大胆绘画，培养初步的创新意识。

2. 引导幼儿选择适当的方法、颜色表现星空。

3. 培养幼儿审美情趣，激发幼儿对艺术活动的兴趣。

## 三、活动准备

1.经验准备：观察过星空。

2.物质准备：星空图片、凡·高作品《星空》的挂图、背景音乐、多媒体设备、水粉颜料、抹布等。

## 四、活动过程

### （一）谈话导入，激发兴趣

教师：你们见过美丽的夜空吧！夜空中有什么？你们见过的星星是什么样的？（幼儿和同伴交流教师提出的问题）

教师小结：星星有各种各样的，特别漂亮，能够发出光芒。

### （二）师幼共同欣赏凡·高的作品《星空》

首先欣赏凡·高的《星空》，请幼儿谈谈自己的感受。教师重点引导幼儿欣赏画面中的形象、笔触及色彩。

欣赏教师的作品，教师想象中的星空是五彩缤纷的。教师重点引导幼儿表现星空的美丽，把想象的星空用画笔描绘出来。

教师：你打算画什么样的星空？星空中有哪些星星？除了星星还有什么？用你的小手敲敲画笔看会发生什么神奇的事情。是的，你的画纸上出现了好多星星。

### （三）幼儿创作，教师巡回指导

教师引导幼儿相互交流想象中的星空分别是什么样的，教师交代绘画要求。

幼儿动手绘画，教师有重点地观察，辅导幼儿绘画。

### （四）展示幼儿作品

教师：哪位小朋友愿意来给大家分享一下你的美丽的星空之夜？你的星空之夜上都有什么？

# "企鹅胖嘟嘟"活动设计

## 一、设计意图

进入寒冷的冬季，孩子们开始探讨各种小动物御寒的方法。企鹅是一种生活在南半球的动物，用它独特的外貌征服了一大批人。孩子们对企鹅充满好奇心，结合孩子们的兴趣以及冬天的主题，我设计了这节美术活动课——企鹅胖嘟嘟，让孩子们了解企鹅的生长习性，大胆创作，用绘画作品表现企鹅的可爱。

## 二、活动目标

1. 了解企鹅的形态和不怕冷的特性，能够大胆表现企鹅的可爱动态。
2. 知道冬天做运动可以使身体变暖和。大胆绘画，培养初步的创新意识。
3. 培养幼儿的审美情趣，激发幼儿对艺术活动的兴趣。

## 三、活动准备

1. 经验准备：观察过企鹅。
2. 物质准备：企鹅图片、背景音乐、多媒体设备、水粉颜料（黑、白）、抹布等。

## 四、活动过程

### （一）师幼共同观察企鹅，激发兴趣

观看企鹅图片。

教师：企鹅的家在哪里？那里的天气怎么样？（大部分企鹅的家在南半球的寒冷地区，拿南极洲来说吧，那里到处是冰山、冰河和冰地）小企鹅为什么不怕冷呢？（小企鹅喜欢吃磷虾、鱼等，个个长得肥肥胖胖，身上长着厚厚的皮毛，好像穿着一件厚厚的大衣）

教师：小企鹅的皮毛下有一层厚厚的脂肪，所以它的皮毛特别厚、特别亮。小企鹅的皮毛有哪些地方是黑的呢？

教师小结：原来可爱的企鹅住在南半球寒冷的地区，但是一点儿都不怕冷。它们身上穿着一件厚厚的大衣，显得胖嘟嘟的，衣服上有的地方还是黑色的。

**（二）了解企鹅的不同形态并表现出来**

教师：观察企鹅运动的方法，小企鹅们不怕冷的原因除了我们刚才说的，还有就是它们还很喜欢做各种运动，我们一起来看看这些企鹅在做什么运动。

教师：企鹅身上有黑白不同的颜色，哪些地方是黑色的？怎样让企鹅的皮毛又黑又亮呢？（介绍正确的涂色方法：先涂四边，再涂中间，涂色的时候要用短线）

教师：想一想，企鹅生活在寒冷地区，我们可以画很多冰山、冰河，这些都是它们喜欢的。

教师：企鹅做运动，一摇一摆真可爱，有冰山、冰河做好朋友，它们可开心啦。

**（三）幼儿创作，教师巡回指导**

教师引导幼儿相互交流各自打算画正在做什么运动的企鹅，画几只胖嘟嘟的企鹅。教师交代绘画要求。

幼儿动手绘画，教师有重点地观察，辅导幼儿绘画。

**（四）展示幼儿作品**

教师：小朋友们，你们画了这么多企鹅，快和我分享一下你们各自画的是正在做什么运动的企鹅。

# "彩色的秋天"活动设计

## 一、设计意图

中班幼儿有了一定的生活经验，在迷人的秋景里，幼儿调动自己的感官发现秋天的变化，亲身体验、感知美丽，逐步体会秋天使大自然变得更加美丽，并感受到秋天的多姿多彩。正是这样的生活经验，为本次的活动做了很好的铺垫。本次活动，我们带领幼儿调动多种感官来感受秋天的美，让幼儿用自己的双手绘出绚丽多彩的秋天。

## 二、活动目标

1. 让幼儿了解秋天是丰收的季节、美丽的季节，感受秋天的丰富性。
2. 让幼儿用水粉绘画的方式，选用各种颜色大胆地表现秋天的色彩美。
3. 增加幼儿的审美情趣，激发幼儿对艺术活动的兴趣。

## 三、活动准备

1. 经验准备：对秋天景物的变化有一定的体会。
2. 物质准备：秋天的图片、背景音乐、多媒体设备、水粉颜料、抹布等。

## 四、活动过程

### （一）谈话导入，激发兴趣

教师：小朋友们，你们知道现在是什么季节吗？那你喜欢秋天吗？为什么？

幼儿结合已有的生活经验说出现在的季节，并能用完整的语句说出为什么喜欢秋天。

教师：秋天真美丽，秋姑娘给我们带来了许许多多五颜六色的礼物，请你猜猜有哪些礼物呢？

教师小结：原来秋姑娘给我们带来了五颜六色的果子，还有各种各样的秋叶。

教师：秋姑娘为我们带来了许多礼物，让我们一起绘画美丽秋天吧！

### （二）教师播放秋天的美景图片，加深幼儿对多彩秋天的感知

教师：现在我们一起跟着秋姑娘去欣赏下秋天的美景吧。

师幼欣赏图片，幼儿说出自己的感受。

教师：看了这么多美丽的秋景后，给你什么感受呢？

教师小结：秋天的大树有绿颜色、黄颜色、红颜色的叶子，真的十分神奇。秋天的花朵有菊花、桂花等，非常美丽。秋天是一个收获的季节，苹果熟了，还有许多果子都成熟了。

幼儿认真欣赏秋天的图片，能初步形成对秋天的喜爱，知道秋天的叶子有绿颜色、黄颜色和红颜色。

### （三）幼儿操作，教师指导

1. 教师连续播放PPT图片，幼儿看着图片进行绘画，教师提醒幼儿注意画面

的合理布局。

教师：小朋友们，快来把多彩秋天的美景画下来吧！你可以把自己眼中的秋天的美景画出来，但是，请你在创作前先想好自己要画什么，和你的同伴说一说。

2. 幼儿自由创作，教师巡回指导，对能力差的幼儿提供及时的帮助。

**（四）欣赏作品，同伴相互交流**

幼儿将自己的作品送给秋姑娘，要求幼儿向秋姑娘介绍自己的作品。

教师：现在请你把你的作品送给秋姑娘吧！送的时候请你向秋姑娘介绍自己的作品，说说你的作品上有什么。

教师小结：小朋友们，秋姑娘很喜欢大家的礼物，她说她十分感谢你们！

# "小绵羊"活动设计

## 一、设计意图

寒冬来临，看到幼儿穿着大棉衣，我想到了如果让幼儿自己为喜欢的小绵羊设计一件棉袄，那有多好啊！于是我设计了这堂课，意在发展幼儿的动手能力，培养幼儿的细心、耐心品质，让幼儿体会亲手设计的喜悦心情，以实现幼儿艺术教育的目标。

## 二、活动目标

1. 观察小绵羊图片，感知小绵羊的外形特征，用棉签描绘出小绵羊的外形特征。
2. 知道小绵羊在冬天会长出又长又密的毛，能用弯曲的线条表示小绵羊的毛。
3. 提升审美情趣，激发对艺术活动的兴趣。

## 三、活动准备

小绵羊图片、背景音乐、多媒体设备、棉签、水粉颜料、抹布等。

## 四、活动过程

### （一）谈话导入，激发兴趣

教师：小朋友，今天有一位朋友要来和你们玩，它叫美羊羊，让我们用掌声请它出来吧！

### （二）看一看：小绵羊长啥样

教师：（教师出示绵羊毛绒玩具）这就是你们的朋友美羊羊，你们仔细看看小绵羊长什么样。

幼儿观察绵羊的外形特征，比如，圆形的身体，头上长了两个小小的角，有四条腿。

### （三）说一说：我们这样过冬

教师：秋天来了，冬天也要来了，天气会变得越来越冷。小朋友，在天气很冷的时候，你们会穿什么衣服呢？为什么要穿这种衣服呢？

教师：你们喜欢小绵羊吗？那冬天那么冷，小绵羊没有棉衣穿，它是怎样办的呢？

（小绵羊在冬天的时候会长出又长又密的毛，就像穿了一件小棉袄一样，一点儿也不怕冷了）

教师：你们看，小绵羊穿小棉袄了吗？那我们帮它穿上棉袄好吗？

### （四）画一画，做一做

观察小绵羊的特征后，幼儿尝试用棉签蘸水粉画出小绵羊的基本特征。教师巡回指导。

教师：接下来，请小朋友们给小绵羊做棉袄。

教师提出创作要求：请小朋友们用棉签蘸颜料，为你的小绵羊穿上新棉袄，小绵羊的毛要卷卷的、弯弯的，长得很密，这样它才会不冷哦！

教师：小朋友，现在你们也来做一做吧。

幼儿为小绵羊制作小棉袄，教师巡回指导。

### （五）幼儿展示交流，互相欣赏作品

教师：把你的小绵羊介绍给大家认识一下吧。

# "冬天的森林"活动设计

## 一、设计意图

冬天大雪纷飞，打雪仗，堆雪人……这些奇妙的景色、有趣的户外活动，会引起幼儿极大的好奇和兴趣，我们正是利用这些作为引线，开展以冬天为主题的活动。冬天的森林是什么样子的？幼儿一定有过自己的观察。为了让幼儿将他们眼中的冬天的森林表现出来，提高他们的艺术表现能力，锻炼他们的意志，陶冶他们对大自然的热爱之情，我设计了本次活动。

## 二、活动目标

1. 尝试用曲直、长短、粗细不同的线条表现冬天里的树，探索树枝由粗变细的表现方法。
2. 通过对比观察，了解树干和树枝的不同特征。
3. 感受大树在深冬的变化，并愿意用画笔表现出来。

## 三、活动准备

1. 经验准备：幼儿已了解在深冬季节树的叶子会落光，幼儿已欣赏过四季中树的图片。
2. 物质准备：冬天里的树的图片多幅，小号水粉笔，水粉颜料（黑色、咖啡色、灰色、褐色），抹布，洗笔筒，画纸。

## 四、活动过程

**（一）引导幼儿迁移已有经验**

教师：冬天到了，大树妈妈发生了什么变化呢？树叶都掉光了，剩下了什么呢？

**（二）引导幼儿欣赏树的图片，整体感受树干和树枝的不同特征**

教师：光秃秃的大树给你什么感觉呢？让你想到了什么？你喜欢哪棵树？它

是什么样子的？它像什么？

**（三）教师引导幼儿对比观察树干和树枝的不同特征**

教师：现在我们来找一找，树干在哪里，树枝在哪里。树干是什么样子的？树枝呢？这棵树上的树枝有什么不一样呢？（引导幼儿用手臂的不同动作表现不同的树枝）

教师：靠近树干的树枝和顶端的树枝一样吗？有什么变化？用什么方法可以画出由粗变细的树枝呢？

教师小结：画树干时用笔的侧面，画大树时一定要从下往上，按生长的方向。

**（四）幼儿创作，教师巡回指导**

教师：你想画一棵什么样的树呢？像什么？树干是什么样子的？树枝呢？

幼儿动手绘画，教师有重点地观察，辅导幼儿绘画。

**（五）展示幼儿作品**

教师：你最喜欢哪一棵树？为什么？

# "小雪人"活动设计

## 一、设计意图

冬天，堆雪人是幼儿非常熟悉且喜爱的活动；画水粉画不仅有趣而且新奇，适合中班幼儿的年龄特点和绘画水平。因此，我选择并设计了贴近幼儿生活的"小雪人"活动，旨在让幼儿在"画一画""说一说"的过程中，学习画水粉画的技能，充分体验美术活动的快乐。

## 二、活动目标

1. 了解雪人的外形特点，能用圆画出雪人的外形特点。
2. 能用水粉笔给雪人均匀地涂色并添加简单的装饰物。

## 三、活动准备

1. 经验准备：已经绘画过小雪花。

2. 物质准备：背景音乐、画纸、《下雪了》视频、自制《堆雪人》课件、水粉笔、水粉颜料、抹布等。

## 四、活动过程

**（一）情境导入（播放《下雪了》视频）**

教师：你们堆过雪人吗？是和谁一起堆的？拿的什么工具？你堆的雪人是什么样子的？雪人的头上、脖子上都有些什么？（引导幼儿回想经验，讨论堆雪人时的不同场景）

幼儿欣赏《堆雪人》课件。（观察别人堆雪人时热闹的场景，加深印象，以便能更好地构图）

**（二）出示雪人图片，引导幼儿观察雪人外形特点**

教师：雪人长什么样子？（一个小圆充当脑袋，一个大圆充当身体）

教师：小雪人的圆脑袋和大肚皮是什么样子的？

教师：你打算给你的雪人穿什么颜色的衣服？你打算画一个正在做什么事情的小雪人呢？你打算画几个小雪人？

**（三）幼儿创作，教师巡回指导**

教师引导幼儿相互交流各自想画什么样的小雪人，教师交代绘画要求。

幼儿动手绘画，教师有重点地观察，辅导幼儿绘画。

教师鼓励幼儿添画：在雪花飞舞的时候，你的小雪人在做什么呢？

**（四）展示幼儿作品**

教师：哪位小朋友愿意来给大家分享一下你的小雪人正在做什么呢？

# "春天的景色"活动设计

## 一、设计意图

春天是一个五彩季节，小草慢慢露出了嫩嫩的绿芽儿，花儿慢慢开放了，红的花、黄的花、粉的花，小蝴蝶忙着在花丛中翩翩起舞，小蜜蜂辛勤地采花蜜，在户外散步的时候，幼儿无不为这样的美景所吸引。"老师，你看，有蝴蝶，好漂亮呀""老师，好漂亮的花，这是什么花呀？"《春天的景色》的设计灵感来源于幼儿的生活，正验证了"生活即是艺术"。

## 二、活动目标

1. 加深对春天的认识，进一步感受春天的美。
2. 尝试用写生的方法表现春天的景色。
3. 喜欢用色彩表达对春天的感受，体验写生的乐趣。

## 三、活动准备

关于春天景色的图片、背景音乐、多媒体设备、水粉颜料、抹布等。

## 四、活动过程

### （一）谈话导入，激发兴趣

教师：现在是什么季节？大家一起告诉我。春姑娘已经悄悄地在你们不注意的时候来到了大家的身边。哪位小朋友是细心的孩子，发现了春姑娘？她躲在哪里了呢？

教师：你能像老师一样说——春姑娘躲在了桃花里，桃花就开了。

### （二）实地观察欣赏，引起幼儿写生兴趣

教师：你喜欢这里的景色吗？喜欢哪一部分？能把它们画成一幅画吗？

### （三）引导幼儿选择、确定写生的角度和内容

教师提问：仔细看一看，你喜欢的景色里都有些什么？它们是什么样子、什

么颜色的？是怎样排列的？看到它们还让你想到了什么？

**（四）幼儿创作，教师巡回指导**

请幼儿面向选择的景色，铺好报纸席地而坐，将写生板放在腿上写生。

教师交代绘画要求，幼儿动手绘画。教师有重点地观察，辅导幼儿绘画。

**（五）展示幼儿作品**

教师请幼儿介绍他们自己的作品，说说画面取景的位置及表现的内容，集体交流在户外写生的感受和想法。

# "燕子归来"活动设计

## 一、设计意图

燕子是春天的精灵，燕子归来就意味着春天来了，春景图的呈现，给予幼儿感官美的体验。为了帮助他们感受春天别样的美，体会燕子的飞行之美，我设计了本次活动，让幼儿用另一种方式描绘春景。

## 二、活动目标

1. 通过观察燕子归来的图片，感受燕子归来时队列的变化。
2. 敢于用画笔表现自己心中的燕子，能够大胆表现燕子归来时的队列美。
3. 热爱小燕子，萌发保护小动物的积极情感。

## 三、活动准备

燕子的图片、燕子归来的队列图、背景音乐、多媒体设备、水粉颜料、抹布等。

## 四、活动过程

### （一）播放音乐《小燕子》，激发兴趣

教师：你们听到了什么？春姑娘已经悄悄地来了，小燕子也和它的朋友回家了。我们一起来看一看，燕子是如何归来的。

**（二）观察燕子，初步了解燕子的外形特征**

幼儿观察图片。

教师：你看到了什么？它是什么样子的？是什么颜色的？嘴巴、尾巴都是什么样子的？

教师小结：燕子的体形是瘦瘦的、小小的；羽毛亮亮的，背部有墨蓝色和黑色的羽毛；尾巴像一把剪刀；嘴巴呀，是黑色的、扁扁的、短短的。它们在每年春天都会和自己的小伙伴从南方飞回北方。

教师：我们一起来看一看它是怎么飞的。（观看燕子归来时成群结队的照片）

**（三）引导幼儿说一说**

教师：你打算画多少只燕子？它们排成什么样的队形归来？是怎样排列的？

幼儿和同伴讨论。

**（四）幼儿创作，教师巡回指导**

教师交代绘画要求。

幼儿动手绘画，教师有重点地观察，辅导幼儿绘画。

**（五）展示幼儿作品**

教师请幼儿介绍他们自己的作品，说说自己画了几只燕子，它们是排成什么样的队形归来的。

# "风筝"活动设计

## 一、设计意图

春暖花开、阳光明媚的春天，正是放风筝的好季节。我国是风筝历史最为古老悠久的国家之一，我们有必要让幼儿了解独具特色的风筝文化。因此，我们结合民间美术教学，开展了"风筝"这一美术活动，让幼儿多角度、多层次地了解民间美术方面的知识，激发幼儿参与活动的兴趣，引导幼儿感受美、欣赏美、表现美和创造美。

## 二、活动目标

1. 大胆想象，提高动手能力，用水粉来装饰风筝面。
2. 用对称的方法尝试表现出不同形状的图案。
3. 发展创造力和对美的感受，体验合作的乐趣与成功的喜悦。

## 三、活动准备

教师制作好的素面风筝若干、背景音乐、多媒体设备、水粉颜料、抹布等。

## 四、活动过程

### （一）出示各种各样的风筝，激发幼儿兴趣

教师带幼儿进教室，自由欣赏各种风筝。

教师："哇！这么多的风筝，我们一起来看看！"

幼儿自由地和同伴交流，教师在旁倾听。（如有幼儿提到风筝对称的特点，就请他在集体面前说说，可直接引出下一个环节）

教师：请和你的好朋友说说你喜欢哪个风筝，为什么喜欢它。

### （二）引导幼儿感受风筝的对称美

教师：小朋友刚才都找到了自己喜欢的风筝，老师这里也有一只我喜欢的风筝。（出示一只图案对称的风筝）

教师：你们觉得它怎么样？（幼儿自由发表意见，教师引导幼儿发现这只风筝左边和右边的形状和图案都是一样的）

教师：请小朋友看看这只风筝左边的翅膀和右边的翅膀，你发现了什么？翅膀上的图案呢？一样在哪里？（引导幼儿说出图案的大小、颜色、形状和位置都是一样的，或教师直接说出）喜欢这里的景色吗？喜欢哪一部分？能把它们画成一幅画吗？

### （三）师幼共同探索装饰风筝

教师：这些风筝真漂亮，我们也来做一只漂亮的风筝好吗？

教师出示制作好的几只风筝面，请幼儿比较怎样装饰更好看。

教师：你最喜欢哪只风筝？为什么？（引导幼儿观察比较三只风筝的优点和缺点）

教师小结：原来两边用一样的图案装饰，看起来更好看呀。

### （四）幼儿装饰风筝面

教师：请小朋友用自己喜欢的颜色、图形来装饰漂亮的风筝吧。

可以三四人合作。幼儿做到一半时，教师可请几位能力强一点的幼儿，用铅笔画他们喜欢的图案进行剪贴。做得快的幼儿可以帮助做得慢的幼儿。

### （五）集中交流，分享快乐，体验成功

教师：你刚才做了什么？是独立完成的，还是和同伴一起完成的？你把风筝装扮成什么样子了？你用了哪些颜色？哪些图案？在装扮的时候遇到了什么困难？怎么解决的？

幼儿自我评价，介绍自己的作品。幼儿相互评价，夸夸他人装饰的风筝好在哪里。

教师对幼儿合作及操作情况进行评价。

# "春暖花开"活动设计

## 一、设计意图

幼儿对春天都有哪些花缺乏了解，于是我设计了本次活动，让幼儿初步认识春天盛开的花，并能学习用水粉来表现春天盛开的花的特点，在创作的过程中既能体验其中的乐趣，又能感受成功的喜悦，可以很好地提高对美的欣赏能力。

## 二、活动目标

1. 通过观察春天花朵盛开的图片，初步感知不同色彩的一大片花。
2. 尝试用不同颜色和点彩的方法，表现一大片花。
3. 初步学习使用水粉笔，体验水粉画创作的乐趣。

## 三、活动准备

春天景色的图片、花朵盛开的图片、背景音乐、多媒体设备、水粉笔、水粉颜料（红黄紫）、抹布等。

## 四、活动过程

### （一）创设情境，激发兴趣

教师：小朋友们，春天来了，我们一起开着小火车去森林里郊游吧。（播放森林背景图片）

### （二）观看图片，感受花朵盛开的美丽

教师：哇，森林里好漂亮啊！你看到了什么？有多少花？

教师总结：好多好多花可以用"一大片"来形容。随着春天的到来，温度渐渐升高，小花们盛开了。

教师：你看到有哪些颜色的花朵？像什么？（出示各种颜色的一片花）

教师：看到了这么一片花海，你闻到花香了吗？喜欢这里的景色吗？喜欢哪一部分？能把它们画成一幅画吗？

教师：快把你想象中春天花朵盛开的场面画下来，你想画什么花？（迎春花、牵牛花等）

### （三）鼓励幼儿大胆创作，教师巡回指导

1. 教师提出要求。

教师：今天，老师带来了一支水粉笔，握在哪里最合适？老师给它做了个标记，握在标记上面最合适。老师的笔可听话了，让它立正，它就站起来了。

教师：你们的笔听话吗？试试看让它立正。练习蘸一蘸，点一点。如果颜料有点多，就要抹掉一点点再换个颜色点。

教师：今天，我们要画一大片花，就要速度快一点。（加快节奏说）

幼儿进行绘画，点上一大片花。

2. 在幼儿绘画过程中，教师用有节奏的音乐提示幼儿加快速度。

### （四）展示幼儿作品

教师：谁愿来给老师分享你的作品？你都画了哪些花？画了多少朵花？

# "小瓢虫一家亲"活动设计

## 一、设计意图

艺术教育是对幼儿实施美育的主要途径。为了充分发挥幼儿的想象力和创造力，而不只是简单地进行创作，忽略对背景的描绘，使画面单调，我设计了本次"小瓢虫一家亲"活动，让幼儿发挥想象力，大胆添画背景，画出亲密的小瓢虫一家。

## 二、活动目标

1. 初步了解七星瓢虫的外形特征，大胆尝试绘画，并用对称的方法装饰小瓢虫。

2. 乐意大胆添画背景，使画面更加丰富，画出亲密的小瓢虫一家。

3. 通过观察、操作，提高审美情趣及创新意识。

## 三、活动准备

小瓢虫的图片、背景音乐、多媒体设备、水粉颜料、抹布等。

## 四、活动过程

**（一）儿歌导入，激发兴趣**

教师：我给你们带来了一首儿歌，可是，我不知道这首歌说的是哪种小动物，你们快帮我听听它说的是哪种小动物。

教师：身体半球形，背上七颗星，蚜虫最怕它，棉花欢迎它。它是谁呀？

**（二）观察七星瓢虫的一家，引发幼儿兴趣**

引导幼儿观察七星瓢虫。

教师：七星瓢虫宝宝带着它的爸爸妈妈来和小朋友见面了，七星瓢虫和它的爸爸妈妈在做什么呢？七星瓢虫的爸爸在哪里？你从哪里看出来的？妈妈呢？它们的眼睛在什么位置？腿在哪里？有几条腿？

教师：七星瓢虫身上有几种颜色？什么地方是红色的？

教师小结：瓢虫有不同的种类，可依据背部的圆点去分辨，有七个圆点的是七星瓢虫。七星瓢虫的爸爸身体大大的，妈妈身体小小的。今天，我们来画七星瓢虫和它的爸爸妈妈。

**（三）进一步观察七星瓢虫**

教师：七星瓢虫生活在哪里？它的身体是什么颜色的？

教师：七星瓢虫生活在叶子上。七星瓢虫是小小的、红色的，而叶子是大大的、绿色的，构成的画面很美丽。

教师：七星瓢虫好久没有和爸爸妈妈做游戏了，它们今天终于有时间做游戏了，你觉得它们会在一起做什么游戏呢？会在哪里做游戏呢？和你旁边的小朋友说一说。

幼儿和同伴讨论。

**（四）幼儿创作，教师巡回指导**

教师：请用这些不同的红色和绿色来帮助我们把七星瓢虫画得更美丽。

幼儿作画，教师指导要点。

教师：小瓢虫的腿长在什么位置？（腿的方向要向后，身体两边各三条腿，头部和尾部没有腿）

教师：瓢虫一家三口在叶子上做什么呢？

**（五）展示幼儿作品**

教师请幼儿介绍他们所画的瓢虫，讲述瓢虫一家三口在做什么事情。

# "狮子王"活动设计

## 一、设计意图

通过日常和孩子们的交流，我发现孩子们对狮子是非常感兴趣的。在认识狮子时，我们组织孩子们观看了动画片《狮子王》，孩子们非常喜爱小狮子王辛巴，狮子威武的形象特别吸引他们，他们也很想画画狮子。为了让孩子们画出他们心目中形态各异的狮子王的形象，我设计了这次美术活动。

## 二、活动目标

1. 通过欣赏，感受狮子威猛的外形特征，学习绘画狮子。
2. 尝试用折线、射线等方式表现狮子的鬃毛，体现狮子威武的特征。
3. 愿意大胆创作与表达。

## 三、活动准备

经验准备：幼儿看过《狮子王》动画片及科普碟片，了解公狮子和母狮子的区别。

物质准备：狮子图片、森林背景图、水粉颜料、抹布等。

## 四、活动过程

**（一）播放动画片《狮子王》片段，感受狮子王威猛的特征**

教师：动画片里的狮子王给你什么样的感觉？

**（二）欣赏单幅图片，初步感受狮子王的外形特征**

教师：狮子王是什么样子的？给你什么感觉？什么地方让你觉得狮子王非常威武？

教师小结：狮子王的脸很大，全身长满蓬松的、密密的、棕黄色的毛，有一条又细又长的尾巴。狮子王吼叫起来声音很大，给人很威武的感觉。

**（三）出示狮子头部的图片，尝试绘画狮子的头部**

教师出示第一幅狮子头部图片，抛出问题引发幼儿思考。

教师：狮子的脸是什么形状的？脸上有什么？在脸的什么位置？狮子脸的周围有什么？我们可以用什么样的线条来表现鬃毛呢？怎样画出密密的鬃毛，让我们的狮子看上去很威武？

出示第二幅狮子头部图片，进行对比欣赏。

教师：这头狮子的表情是什么样子的？它的嘴巴是什么样子的？你觉得它在干什么？

幼儿初步尝试绘画狮子的头部，并讨论、反馈绘画情况。

**（四）欣赏狮子的整体图片，幼儿继续创作**

教师引导幼儿欣赏完整图片，仔细观察狮子的身体和四肢等细节特征。

教师：狮子的身体、四肢、尾巴分别是什么样子的？

幼儿作画，教师指导。

**（五）展示幼儿作品**

幼儿将画好的狮子图片沿轮廓剪下贴在森林背景图中，并向同伴介绍自己的作品。

# "斑马"活动设计

## 一、设计意图

斑马，是幼儿所熟悉的，也是他们喜欢画又画得很多的题材之一。本次活动要求他们发挥想象力，对斑马的外形特征做出大胆的构想，用深浅相间的花纹线条表现出造型独特的斑马花纹。本次活动是一次生成活动，意在通过绘画的形式，培养幼儿丰富的想象力，提高幼儿的思维能力，表现幼儿丰富的内心世界。

## 二、活动目标

1. 能大胆表现斑马的外形特征，会用深浅相间的花纹表现斑马身上的花纹。
2. 能在自然中发现美，增强保护动物的意识。

## 三、活动准备

斑马的图片、背景音乐、多媒体设备、水粉颜料、抹布等。

## 四、活动过程

**（一）观看图片，激发兴趣**

教师：我给小朋友们带来了一个谜语——家住丛林草原里，身穿一件条纹衣，脾气温和心眼好，细听动静耳朵灵。它是谁呢？

教师：你们从哪里听出来它是斑马的呢？

教师小结：是的，斑马有一件条纹衣。

**（二）观察斑马的特征，发现斑马好看的和有趣的地方**

教师讲述斑马的习性：斑马喜欢和同伴一起生活在草原上，而且能够生活在非常热的草原上，喜欢吃草。

教师：斑马身上是什么样的纹路？

教师小结：斑马身上的花纹黑白交错，两头细，中间粗，有点弯曲。斑马身上的花纹能保护自己，它穿着这样的花纹跑来跑去，可以让老虎、狮子头昏眼花，抓不到它。

**（三）幼儿创作**

教师：你打算画几匹斑马？你的斑马生活在哪里？它们在做什么？

教师交代绘画要求，幼儿动手绘画。教师有重点地观察，辅导幼儿绘画，引导幼儿进行添画。

**（四）展示幼儿作品**

教师请幼儿介绍他们自己的作品，说一说所画的斑马在做什么。（吃草，和好朋友玩耍）

# "畅游的小鱼"活动设计

## 一、设计意图

《幼儿园教育指导纲要（试行）》提出：引导幼儿接触周围环境和生活中美好的人、事、物……为幼儿创设展示自己作品的条件，引导幼儿相互交流、相互欣赏、共同提高。根据中班幼儿的年龄特点，以及幼儿经常用绘画的方式来表现他们的所见所想，我设计了这一活动，旨在提高幼儿的动手能力，培养幼儿的美感。

## 二、活动目标

1. 初步知道海洋中几种常见的鱼，大概了解鱼的形态、大小、颜色等基本特征。

2. 能用线条和色彩表现出不同鱼的基本特征。

3. 尝试用水草、泡泡等表现海底世界。

## 三、活动准备

海底世界畅游的小鱼的图片、背景音乐、多媒体设备、水粉颜料、抹布等。

## 四、活动过程

### （一）观看视频，激发幼儿认识海底世界的兴趣

教师：今天，老师带你们一起去潜水好吗？潜水需要哪些装备呢？（潜水服、氧气瓶、眼镜、蛙鞋、照相机）让我们带着照相机一起潜到海底看看吧！小朋友们千万别忘了拍照哦！

教师：潜水结束了，谁能来告诉我，你看到了哪些鱼呢？（幼儿自由交流回答，如小丑鱼、热带鱼、鲨鱼等）

### （二）观看图片，引导幼儿认识、欣赏并讨论几种常见的鱼

教师：海底世界里的鱼儿可真多呀！你们一定给鱼宝宝拍了很多漂亮的照片！老师也拍了好几张呢，我请小朋友们一起来看看！

出示大小不同的鱼的图片，让孩子们发现鱼的大小不同。

出示各种形状的鱼的图片，引导孩子们往已知形状上想，如三角形、圆形、长方形。

出示各种颜色的鱼的图片，让孩子们说出鱼的颜色。

教师：鱼宝宝的身体都不一样，有不同的形状和颜色，那鱼宝宝们有什么一样的地方呢？（都有鱼头、鱼尾巴）

教师小结：海底世界里的鱼真多呀！每一种鱼都有自己的特征，有的大有的小，有的圆有的长，真是有趣极了。

### （三）幼儿创造性地绘画

教师：你们最喜欢哪条鱼？最想给哪条鱼拍照片？为什么？

教师：现在，请小朋友们仔细看了，看看你想拍的鱼儿长什么样。让我们一起把你拍到的照片画下来吧！

幼儿作画，教师巡回启发引导。

教师：先画出自己喜欢的鱼的形状，要画满整张画纸。请你说一说自己画的是哪一条鱼，它是什么形状的，怎样才能把它画得漂亮点。

启发幼儿用不同的花纹装饰鱼，并注意线条的疏密变化。

教师：你想用怎样的线条和图案来装饰鱼宝宝的身体呢？（帮助能力弱的幼儿用不同花纹进行装饰）要画得大一些，颜色要涂得均匀鲜艳，那样才会更漂亮！（启发能力强的幼儿多画几条不同的鱼）

教师：画完的小朋友们可以根据自己的喜好，多画几条不同的鱼儿。（启发幼儿用泡泡、水草、珊瑚来装饰图画）

**（四）展示作品**

教师：请你和好朋友互相说一说自己画的鱼。

教师小结：今天，小朋友们都给自己喜欢的鱼宝宝拍了许多漂亮的照片，并且把鱼宝宝的花纹、颜色都拍得非常清晰漂亮。

**（五）结束部分**

教师：让我们也做一条快乐的鱼儿吧！请在教室里找到你喜欢的鱼儿，手拉手一起尽情地畅游"水晶宫"吧！


# "彩蘑菇"活动设计


## 一、设计意图

结合艺术学科的特点和学前儿童的成长、认知特点，尊重幼儿艺术习得的发展规律，让幼儿通过欣赏、创作达到对艺术的初步认识。

## 二、活动目标

1. 能够大胆表现各种蘑菇的形状，并用色彩和花纹装饰蘑菇。
2. 能用多种颜色表现蘑菇的花纹。
3. 乐于用水粉作画。

## 三、活动准备

蘑菇的图片、背景音乐、多媒体设备、水粉颜料、抹布等。

### 四、活动过程

**（一）故事导入，激发兴趣**

教师：小白兔和小伙伴们在草地上玩，忽然下起了雨，它们跑呀跑，发现前面有很多漂亮的雨伞，仔细一瞧，原来是蘑菇。小白兔跑到蘑菇伞下面避雨了。

教师：动物为什么要到蘑菇下面避雨呢？

教师请幼儿观察蘑菇，看蘑菇是什么样子的。（有大大的、半圆形的顶，还有长长的柄，能像雨伞一样挡雨点）

**（二）观察各种各样的蘑菇**

教师：蘑菇的顶是扁扁的、椭圆形的，蘑菇的柄是长长的。有大蘑菇、小蘑菇、矮矮胖胖的蘑菇、高高瘦瘦的蘑菇，每个蘑菇的花纹都不一样。

教师请幼儿说说，他观察的蘑菇长什么样子。（出示PPT）

教师将其总结成儿歌：圆圆的，扁扁的，像房子，像花伞，一个个，地上长，小白兔，真喜欢。

幼儿跟读儿歌。

**（三）幼儿自由创作**

幼儿边念儿歌边画蘑菇。

教师：先画椭圆形或半圆形的蘑菇顶，在蘑菇顶中间位置底下画上蘑菇柄，然后在蘑菇顶上画上不同颜色的小圆点或者斜纹充当装饰，最后给蘑菇涂上漂亮的颜色。

教师：你的蘑菇是什么颜色的？给它穿上漂亮的衣服吧！

**（四）展示幼儿作品**

谁愿意来给大家分享一下你画的蘑菇？它是什么颜色的？

# "鸟儿欢唱"活动设计

## 一、设计意图

艺术源于生活，并与生活紧密相连。这就要求教师要善于跳出教材的圈子，更多地从生活中去发现艺术,挖掘艺术,把孩子们带到生活中去。孩子们喜欢学鸟儿唱歌,那不如我们就来为鸟儿开一场音乐会,培养孩子们对艺术、生活的感知能力和细微观察能力,使他们感受到艺术就在身边,美就在身边。

## 二、活动目标

1. 通过观察小鸟的外形特征,尝试用不同的图形组合的方法画小鸟。
2. 在音乐《晨鸟之歌》的伴奏下,感受鸟儿优美的歌声。
3. 愿意和鸟儿做朋友,懂得关爱鸟类。

## 三、活动准备

关于春天景色的图片、背景音乐、多媒体设备、水粉颜料、抹布等。

## 四、活动过程

### (一)谈话导入,激发兴趣

教师:你们愿不愿意和鸟儿做朋友呢?能不能说出它们的名字?你们有听过小鸟的歌声吗?它们是怎样唱歌的?

教师:树林里的鸟儿们听说小朋友喜欢它们,都高兴地飞来了。

### (二)欢唱的鸟儿

教师:小鸟长什么样子?是怎么飞的?你来学一学。(出示鸟儿图片,幼儿观察)鸟儿是怎样唱歌的?你也来学一学。

教师:小鸟有美丽明亮的眼睛,有长长的翅膀、短短的尾巴和两只小脚,真漂亮!颜色多鲜艳!

教师:这是几只小鸟在开音乐会呢?它们是嘴巴张得大大地唱歌,还是张得小小地唱歌呢?

### (三)幼儿创作

教师:鸟儿在森林里开音乐会,飞来了几只小鸟呢?它们是嘴巴张得大大地在唱歌,还是闭上眼睛在睡觉?小鸟在天空飞的时候,一定张开了大大的翅膀。有的小鸟的尾巴是长长的,有的小鸟的尾巴是短短的。

教师:鸟儿唱歌唱累了,肚子饿了,需要吃点食物。快让它们吃点东西吧,红色的是果子,绿色的是毛毛虫,吃饱了它们才能飞回自己的家。

**（四）展示作品，欣赏多媒体课件，聆听《晨鸟之歌》**

教师将幼儿的作品围在范例作品的周围。

教师：我们的小鸟飞来了，聚在一起可真多。哪个小朋友画的鸟最多？

欣赏多媒体课件，聆听鸟的歌声。（幼儿选择，老师播放，让每一位幼儿都有机会聆听鸟的歌声）

教师：小朋友喜欢鸟儿，鸟儿也喜欢你们。它们经常在树林里唱歌，请大家注意听，一定会听到它们不同的歌声。所以现在是什么季节？大家一起告诉我。

# "变色龙"活动设计

## 一、设计意图

变色龙这个特殊形象和它特有的能够变色的习性，幼儿是非常感兴趣的，本次活动围绕和变色龙躲猫猫的游戏情景，让幼儿选择喜欢的颜色来为变色龙涂色，这是一个对幼儿来说富有挑战性的活动。幼儿在选择、对应、涂色、再对应的游戏活动中，积累涂色的经验，感受游戏的快乐。

## 二、活动目标

1. 感知变色龙的特性，尝试选择与场景相同的颜色给变色龙涂色。
2. 在和变色龙说说玩玩的游戏情景中，体验游戏的快乐。

## 三、活动准备

花园背景图一幅，未上色的变色龙人手一份，和场景颜色相同的各色水粉颜料（红色、绿色、黄色、咖啡色、蓝色、橘黄色），背景音乐，多媒体设备，抹布等。

## 四、活动过程

**（一）《它藏到哪里去了？》故事导入，引起幼儿的兴趣**

教师：你们听过变色龙的故事吗？为什么叫它变色龙呢？（变色龙有一种其

他小动物都没有的本领，是什么呢？）莎莉的变色龙今天就在我们的教室里，看谁能把它找出来。

教师：小朋友最喜欢做游戏了，变色龙请了它的许多朋友一起来和我们做游戏。小朋友，你们想不想自己也做条变色龙，和它玩躲猫猫的游戏呢？或者带它到花园里去玩一玩？现在有很多变色龙都躲到了你们白色的盆子里，你们看它们都变成了什么颜色？（白色）你想让你的变色龙躲到什么地方就把变色龙涂成那个地方的颜色。

教师数123让幼儿找，如果幼儿找不到可以稍加提示。

教师：找到了！变色龙躲在窗户上，它变成了什么颜色？要是不仔细看就找不到了。（做惊奇状）咦？窗户上有一个什么东西啊？让我把它请过来看一看。哦，原来是莎莉的变色龙！

**（二）玩躲猫猫游戏，了解变色龙会变色的特性**

教师：变色龙说"我来到我们班真开心，也想请宝宝们一起和我玩躲猫猫的游戏"。瞧，这里就有一个大花园。（揭开布）我们来告诉变色龙花园里有什么。

演示变色龙躲在红色的苹果中"头变红了，身体变红了，尾巴变红了，最后脚也变红了"。

教师：我的变色龙躲到哪里去了？它变成了什么颜色？（引导幼儿讲述：变色龙藏到红色的苹果里，就变成了红颜色的变色龙）

教师：你们还想让变色龙变成什么颜色？

根据幼儿的想法演示变色龙变色。（可以让小朋友把变色龙藏起后教师来找）

**（三）邀请变色龙**

激发幼儿同变色龙玩耍的兴趣，在画之前要先让孩子说要带变色龙去哪里玩，如去草地上玩。

教师：躲在草地里，变色龙应该变成什么颜色呢？该选什么颜色的炫彩棒呢？

**（四）幼儿制作变色龙，用涂色的方法大胆表现和场景对应的颜色**

幼儿根据场景的颜色来选择相应水粉颜色。

教师：（指导幼儿涂色）颜色要均匀，如果有小白点就会一下子让别人找到了。

**（五）交流分享，加深幼儿对变色龙的喜欢**

幼儿将涂好色的变色龙放置场景中。

教师：找一找哪里的变色龙最多。

教师：请你带着你的变色龙一起来躲猫猫，123躲好了吗？让我们一起来找一找变色龙都藏到哪里去了，哪里藏的变色龙最多，我们一起来数一数。

提示幼儿如果有兴趣可以多玩两次，换个地方玩一玩。带领幼儿一起寻找，一起数。最后以"变色龙玩累了，想要休息了"结束活动。

# "京剧脸谱"活动设计

## 一、设计意图

京剧并非孩子在生活中经常遇到和熟悉的事物，但是它作为中国的优秀传统文化，需要一代代人去了解和传承。让孩子初步接触京剧，了解中国特有的戏曲形式，从而从一个侧面来了解祖国的传统文化，激发起孩子喜爱京剧、热爱祖国的情感。根据孩子的学习特点，也为了能够让他们亲眼所见、亲身经历，更直观地感受京剧艺术的魅力，我设计了本次活动。

## 二、活动目标

1. 能够大胆用鲜艳的色彩和夸张、对称的图案设计京剧脸谱。
2. 初步了解京剧文化，知道京剧是中国特有的艺术。

## 三、活动准备

空白脸谱人手一个、背景音乐、多媒体设备、水粉颜料、抹布等。

## 四、活动过程

**（一）欣赏京剧片段，激发兴趣**

请幼儿欣赏京剧唱段，引起他们的兴趣。

教师：小朋友们，今天老师带来了一段视频，你们要认真观看哟。

视频播放结束后，教师与幼儿交流。

教师：小朋友们，你们看到了什么呢？听到了什么呢？

教师：这是一段京剧唱段。京剧是中国特有的戏剧艺术，在世界上很有影响力，人们提到京剧就会想到中国。京剧演员脸上都涂着鲜艳漂亮的油彩，不同的脸谱代表不同的人物性格和特点。

**（二）师幼共同讨论京剧脸谱的装饰方法**

教师与幼儿观察脸谱，一起讨论脸谱是由哪些颜色画成的。

教师：脸谱的图案都是什么样的？从哪儿开始装饰呢？

教师小结：京剧脸谱由许多鲜艳的颜色组成，它的图案是对称的，并以鼻子为中心进行装饰。

介绍各种工具和材料：水粉笔、水粉颜料、空白脸谱等。

提醒幼儿在创作过程中注意涂色均匀、对称等。

**（三）幼儿创作京剧脸谱**

幼儿学习用鲜艳的色彩和夸张、对称的图案设计京剧脸谱。

**（四）展示幼儿作品**

请幼儿谈谈自己最喜欢哪幅图，并说说原因。

**（五）活动延伸**

请幼儿回家把今天学会的本领讲给爸爸妈妈听。

# "加油龟龟"活动设计

## 一、设计意图

乌龟是孩子在生活中常见的小动物。椭圆形的外壳、短小的四肢，孩子很喜欢。孩子也很容易掌握乌龟的外形特征。为了让孩子更加热爱绘画，在绘画中萌发保护动物的意识，我们设计了本活动。

## 二、活动目标

1. 在看看、说说的过程中，了解乌龟的外形特征，大胆画出乌龟。

2. 在尝试给乌龟画纹路的过程中，萌发保护动物的意识。

## 三、活动准备

乌龟的图片、背景音乐、多媒体设备、水粉颜料、抹布等。

## 四、活动过程

### （一）谜语导入，激发兴趣

教师：今天，老师给小朋友们说一个谜语，请小朋友们仔细地听——穿件硬壳袍，缩头又缩脑，水面四脚划，岸上慢慢跑。这是什么？（幼儿回答）

教师：原来是一只乌龟。孩子们，你们看乌龟长什么样子，小乌龟的身体是什么形状的。

教师：小乌龟的龟壳上面有什么？请几名小朋友到前面画一画龟壳上面的图案。

### （二）幼儿自由创作——有趣的乌龟

教师讲述故事《龟兔赛跑》。

教师：小乌龟在和兔子赛跑，可是它非常累了，我们一起来给它加油吧。

教师：请小朋友们给小乌龟穿上漂亮的衣服，让它吃得饱饱的，好有力气和兔子一起赛跑！小乌龟在和兔子赛跑的过程中还会遇到谁？最后小乌龟会赢得比赛吗？把你想到的也画出来好吗？

### （三）欣赏交流：说说我的小乌龟

教师：画完的小朋友来给我们讲一讲你的小乌龟都遇到了哪些好朋友。

# 撕贴

## 活动设计

# "大苹果"活动设计

## 一、设计意图

撕纸贴画是美术活动的另一种形式。在活动中，教师引导幼儿欣赏一些优秀的作品，让幼儿产生美感，激发对活动的兴趣。通过一系列活动，幼儿能大胆表现、大胆创作，体验成功的快乐。

## 二、活动目标

1. 学习将彩色纸撕成小纸片，发展手指的灵活性。
2. 学习在指定的范围内拼贴小纸片，掌握拼贴技能。
3. 发现撕贴画的特殊效果，从而对撕纸活动产生兴趣。

## 三、活动准备

收集各种各样的彩色挂历纸、糨糊。

## 四、活动过程

**（一）引导幼儿观察幼儿用书中的撕贴画，激发幼儿对撕贴画的兴趣**

教师：画面上有什么？它和我们以前的画有什么不同？这只苹果和梨子是用什么做的？

感知撕纸画特有的风格，激发对撕贴画的浓厚兴趣。

**（二）教师示范讲解撕贴画的具体要求**

教师示范讲解：双手的食指与大拇指相对捏住纸，朝相反方向用力，就可以撕下一截纸；再捏住纸的一端，撕成一小块一小块的纸片；然后在纸片的反面抹一点糨糊，贴在苹果的轮廓线内，在拼贴时尽量将两种颜色的纸片搭配在一起，注意纸片不要叠在一起。

**（三）幼儿操作，教师巡回指导**

交代要求：纸片不要撕得太大，也不要撕得太小；注意两种颜色的搭配；注意将撕下的碎纸片粘贴在苹果的轮廓线内。

**（四）总结评价**

展示幼儿作品，表扬做到画面整洁、能将碎纸片贴在苹果轮廓线内的幼儿。

# "创意撕贴"活动设计

## 一、设计意图

通过撕纸贴画活动，幼儿体验参与活动的快乐，提高动手操作能力，发展想象力及欣赏力。

## 二、活动目标

1.提高幼儿的动手操作能力，发展其想象力及欣赏力。

2.复习巩固撕贴技能。

3.能独立创作作品，喜欢参与美工活动。

## 三、活动准备

各种撕贴材料若干，用旧挂历做成的半成品（衣服、帽子、围裙等）。

## 四、活动过程

1.出示用旧挂历做好的物品（衣服、帽子、围裙等），引导幼儿观察；通过谈话，幼儿知道这些物品是废物利用。

2.向幼儿讲解撕贴材料及使用方法，教育幼儿不乱丢碎纸，保持环境的干净。

3.幼儿操作，教师巡回指导，并鼓励幼儿大胆创作，帮助能力较弱的幼儿。

4.幼儿相互交流并介绍各自的作品。

5.展示作品，讲评。

6.师生共同收拾物品。

# "秋天的树叶"活动设计

## 一、设计意图

中班开展了同题异构教学活动，主题是"秋天的树叶"，我选择了用树叶贴画的活动形式。通过让教学活动游戏化，先是让幼儿去捡树叶，然后观察树叶，再是摆弄树叶，拼成不同的图画，最后是欣赏别人的作品，幼儿在游戏中完成树叶贴画的学习，培养想象力和审美能力。

## 二、活动目标

1. 让幼儿根据叶子的形状，运用树叶学习拼贴画。
2. 培养幼儿的想象力和审美能力。

## 三、活动准备

各种形状的树叶、双面胶、树叶图片。

## 四、活动过程

**（一）情景导入**

教师：秋风吹，秋风吹，树叶宝宝从树妈妈的身上落下来，我们去捡树叶吧。

**（二）幼儿观察树叶的形状，变废为宝**

教师：你们觉得这些树叶像什么？你们能把这些不同形状的树叶变成什么？

让幼儿在纸上摆拼，教师巡回指导。

**（三）教师示范讲解**

教师示范讲解如何把树叶粘贴在纸上，最后变成一幅作品。

**（四）幼儿操作**

把摆拼好的树叶用双面胶粘贴在纸上。

**（五）共同欣赏幼儿作品，开阔幼儿的思路**

教师：小朋友们贴的作品真不错，我们一起欣赏吧。

# "小兔"活动设计

## 一、设计意图

撕贴画对于幼儿来说是一种比较简单的作画方式，可以让幼儿通过撕贴的方式锻炼动手能力，也可以激发幼儿对于美术课的兴趣，培养幼儿的审美能力。

## 二、活动目标

1. 激发幼儿对撕纸粘贴活动的兴趣。
2. 通过撕纸锻炼幼儿手指的灵活性。
3. 练习使用粘贴材料，学习撕纸和粘贴的技能。

## 三、活动准备

1. 小兔子玩具一个。
2. 红、绿色彩纸，胶水若干。
3. "小兔子的家"展示板一个。

## 四、活动过程

**（一）导入活动——送给小兔子的礼物**

教师：小兔子明天要过生日了，希望我们班的小朋友去参加它的生日宴会。我们送给小兔子什么礼物呢？

教师鼓励幼儿大胆发言，表达他们自己的想法。

**（二）教师示范，幼儿观察操作**

教师出示示范画请幼儿欣赏，引导幼儿说一说红萝卜的颜色、形状。

教师：你们知道这些漂亮的红萝卜是怎么做出来的吗？

**（三）出示操作材料，教师示范红萝卜的制作方法**

教师：先将红色和绿色的彩纸撕成小碎片，然后将胶水轻轻地涂在小碎片的反面，最后将小碎片粘贴在红萝卜轮廓图内，一根红萝卜就做好了。

**（四）幼儿动手制作，教师巡回指导**

对制作有困难的幼儿进行指导，提醒幼儿涂抹胶水要适量。

**（五）结束活动**

引导幼儿将作品布置在展板上，互相欣赏讲评。

# "小蜗牛"活动设计

## 一、设计意图

《幼儿园教育指导纲要（试行）》对于艺术领域，要求引导幼儿接触周围环境和生活中美好的人、事、物，丰富他们的感性经验和审美情趣，激发他们表现美、创造美的情趣。在幼儿园里，我经常看到许多孩子在菜地边、草丛里观察蜗牛，他们围在一起你一言我一语，聊得很高兴，全身心地投入观察蜗牛的活动当中。他们是那么地喜欢蜗牛这美丽的小生命，我灵机一动，何不引导他们把自己熟悉的小蜗牛画出来呢？他们一定很乐意。

## 二、活动目标

1.学习沿螺旋线由内向外撕出蜗牛壳的形状。
2.学习添画画面丰富的背景。
3.体验撕纸的乐趣。

## 三、活动准备

蜗牛图片，幼儿每人一张白纸、半张报纸，胶水，蜡笔，记号笔。

## 四、活动过程

**（一）故事导入，引导幼儿观察蜗牛壳的外形特征**

教师：小朋友，春天到了，蜗牛爸爸、蜗牛妈妈想带蜗牛宝宝一起去公园春游，看它们一家玩得多开心啊。可是蜗牛一家的壳是怎么做出来的呢？有人知道吗？（帮助幼儿理解"螺旋线"）

教师：蜗牛小时候很小很小，后来它一点一点长大，背上的壳也一圈一圈越长越大，后来就长成了一只大蜗牛。所以蜗牛壳是圆圆的，从里面一圈一圈地扩大的。这个就叫螺旋线。请小朋友在报纸上画三个大小不一样的螺旋线。最大的壳是谁的？第二大的呢？最小的又是谁的呢？小朋友画蜗牛壳的时候要注意，蜗牛一家都要放到白纸上，所以不要画得太大哦。（教师边讲边画）

**（二）教师讲解撕画与粘贴**

教师：接下来小朋友沿着刚刚画的螺旋线把报纸一圈圈地撕开。（重点引导孩子用大拇指沿着线慢慢撕，学会撕画）

教师：小朋友撕好以后给蜗牛壳最外面的圈涂上胶水，贴到白纸上。小朋友可以给蜗牛一家排排队。

**（三）学习给小蜗牛一家添画合适大小的身体、眼睛、触角，学习添画背景**

教师：小朋友，接下来我们要用记号笔给蜗牛一家画上身体、眼睛和触角。蜗牛爸爸的壳最大，那它的身体是不是也要画得最大啊？小朋友在给蜗牛添画身体的时候要注意大大的壳配大大的身体，小小的壳配小小的身体。画完身体还要画眼睛和触角。（让幼儿发挥想象，将背景装饰成美丽的春天景色）小朋友，蜗牛一家是去公园春游的，那我们是不是还要画上它们去玩的地方？春天公园里有什么啊？请小朋友动一动你们的小脑筋，用蜡笔画出漂亮的春天。

# "菠萝"活动设计

## 一、设计意图

菠萝是大家非常喜爱的水果，那清新的香甜，让夏天似乎也变得清凉不少。我们从小朋友非常爱吃水果以及对画画感兴趣的特点出发，设计了本次活动，让小朋友习得一种本领。

## 二、活动目标

1.引导幼儿观察菠萝的外形特征，巩固粘贴的技能。

2.大胆地用线条进行装饰，体验创造的快乐。

## 三、活动准备

勾线笔、剪好的椭圆形彩纸和绿色的纸（制作菠萝冠芽）人手一份、固体胶若干。

## 四、活动过程

### （一）以谜语的形式导入

教师：今天，老师带来了一个谜语，请小朋友来猜一猜——披着鱼鳞铠甲，长着公鸡尾巴，动物家族无名，水果店里有它。（菠萝）

### （二）观察菠萝，了解菠萝的主要特征

教师：菠萝外表是什么样子的？（幼儿自由回答）

教师请幼儿上来摸一摸菠萝，感受菠萝的表皮是怎样的。（感知菠萝凸起的表皮很粗糙）

教师：菠萝有椭圆形的身体和长长的冠芽，今天我们也来做一做菠萝。

教师：菠萝宝宝也想和小朋友一起玩，可是我们来看看它还少了什么。（身体的花纹）

### （三）教师引导幼儿大胆创作，并根据自己的能力及喜好自由装饰

教师表扬画得好的幼儿，并鼓励指导能力弱的幼儿。

### （四）欣赏交流

教师：我们来看看谁的菠萝宝宝最漂亮。

幼儿相互欣赏，评价。

# "漂亮的房子"活动设计

## 一、设计意图

小朋友们每天都待在房子里，有的小朋友住在高高的楼房里，有的小朋友住在矮房子里，小朋友们自己动手撕贴的房子都不一样。所以，我设计了此次活动。

## 二、活动目标

1. 能摆出房子的造型，进一步装饰房子周围的景色。

2. 能用不同的颜色表现自己的愿望，提高观察能力、动手操作能力和表现力。

3. 感受到表现自我的快乐和自由，更喜爱绘画。

## 三、活动准备

材料准备：适当的蘑菇、花菜、生菜、土豆等不同颜色的、易于摆出造型的、让人产生联想的蔬菜，足够数量的大盘子，胶水，一段轻缓的音乐。

经验准备：幼儿已观察学习过不同造型、不同颜色、不同环境的房子。

## 四、活动过程

### （一）谈话法导入

教师：小朋友们，你们都见过妈妈在家做饭吧，我们今天也来当一回厨师，做一道菜怎么样？

提起幼儿兴趣，引入话题。

教师：今天的这道菜叫作"我的小房子"，我们今天要"烹饪"出一座房子。

### （二）回忆上次欣赏过的房子图片，继续进行活动

教师提问：小朋友们，咱们上次欣赏过的小房子，大家还记得吗？

播放几张上次活动所欣赏过的房子的图片，并让小朋友回忆还有哪些欣赏过的图片。

教师：小朋友们上次欣赏了这么多美丽的房子，那么我们今天可以"烹饪"一座自己喜欢的房子。老师喜欢这座房子。（教师选择一座简单一点的房子"蘑菇房子"，引导孩子观察图片上有什么物体，每个物体像什么，可以用什么材料盖）

### （三）教师请幼儿观察台上的蔬菜

教师：小朋友们，我们的厨房有这么多蔬菜，我们要怎么"烹饪"我们的"佳肴"呢？

请孩子观察台上已有的材料，同时拿一片蘑菇当作房子的房顶，以"我觉

得这片蘑菇可以当我的房顶"为例子来引导孩子说出台上的蔬菜都可以拿来做什么。

**（四）引导幼儿想象，并且示范"撕"的动作。**

教师：这片花菜太大了，可以撕成小一点的，我觉得它很像我房子外边的小花朵。我想将这片菠菜作为我的草坪，我还可以将它撕得碎一点，因为我的草坪很大，草很旺盛。

**（五）教师与幼儿一起完成"蘑菇房子"粘贴画**

教师示范粘贴的方法，在蔬菜上涂上胶水，然后粘贴到盘子中。

**（六）请幼儿选择自己喜欢的房子进行粘贴画创作**

鼓励幼儿小组合作，也可以单独创作。创作过程中播放音乐。

**（七）请幼儿上台展示自己的"佳肴"**

幼儿简单介绍自己的房子情况。

# "春天的树"活动设计

## 一、设计意图

撕纸画是一种选用各色彩纸，通过手撕、粘贴的办法而完成的画。撕纸画很适宜幼儿制作。一方面，幼儿有着爱玩、爱动手的天性，喜欢撕撕贴贴；另一方面，撕纸画简单、有趣、易学、制作安全。幼儿通过撕纸、粘贴，可以锻炼手指肌肉的灵活性，训练手脑并用的能力。

## 二、活动目标

1.学习正确的撕纸及粘贴方法来表现春天的树。

2.激发幼儿对春天的热爱之情，感受春天树木的色彩美。

3.训练幼儿手指的灵活性，提高幼儿手眼协调能力。

## 三、活动准备

1.浅绿、深绿色的蜡光纸，糨糊，抹布，小篮子若干。

2.画有大树树干的图纸若干。

## 四、活动过程

### （一）谈话引入活动

教师：春天到了，树上的叶子发生了什么变化？（长出了新树叶）新树叶是什么颜色的？（绿色）

教师：今天，我们一起用撕成的纸块，来给春天的树穿上新衣裳，把春天的树打扮得漂漂亮亮的。

### （二）幼儿尝试练习撕纸

教师出示画有大树树干的图纸，引导幼儿讨论如何装饰大树。请幼儿尝试练习撕纸。让幼儿说说他们是怎么撕的，讲述他们的操作经验。

### （三）教师总结撕纸方法

（略）

### （四）在幼儿操作前提出制作的常规要求

要求：使用过的物品要放回原处；垃圾及时放进小篮子里，保持桌面洁净；操作过程中遇到困难要大胆向老师寻求帮助。

幼儿开始自由操作，教师巡回指导。

### （五）评价作品

教师和幼儿一起参与评价，从作品的呈现和桌面的整洁度两个方面来进行评价。

教师将幼儿的作品放在美术区域，请幼儿在日常欣赏。

# 油画棒

## 活动设计

# "我的全家福"活动设计

## 一、活动目标

1. 探索用油画棒表现人物的脸形和五官，体验想象添画的快乐。

2. 感受与家人在一起的温馨和快乐。

## 二、活动准备

材料准备：八开长方形铅画纸、水粉颜料、棉签、各色彩纸、牛皮纸、报纸等。

知识经验准备：收集过爸爸妈妈和宝宝的全家福照片。

## 三、活动过程

**（一）创设情境**

播放幼儿收集的照片，欣赏爸爸、妈妈和幼儿在一起的照片，感受其中的快乐。播放到谁的照片，谁就举手向大家示意。

教师：你和爸爸妈妈在一起发生了哪些开心的事情？和我们分享一下吧。

**（二）游戏"自由画全家福"**

1. 画圆形。

教师：圆形的一家拍了这么多照片，我们也快点把自己的一家人变出来，来张合影吧。

一起来做游戏：食指拇指变小虫，咬住纸片吃线线，吃呀吃，转呀转，一个圆形变。

2. 探索脸形的不同。

教师：我们的脸形各不相同，有的脸胖胖的，有的脸瘦瘦的，你准备怎样表现呢？把纸片换个方向，表现不同的脸型。

3. 画人物五官及身体。

教师：你有观察过爸爸妈妈平常最喜欢做什么表情吗？不同的表情，五官的形状也不一样哦。

教师：用油画棒添加大大的眼睛、漂亮的睫毛、卷卷的头发，再画上漂亮的衣服。

4.自由添加情境。

教师：给全家福添上美丽的风景吧。

**（三）作品分享**

教师：我们能从小朋友画的全家福中，感受到一家人在一起真幸福！我们一起欣赏一下大家的画吧。

# "柳树发芽了"活动设计

## 一、活动目标

1.尝试使用绿色油画棒在柳树上添画柳条。

2.迁移运用观察的经验，探索在柳条的两边点画柳叶。

3.在操作的过程中，能够注意画面的整洁。

## 二、活动准备

1.有观察过柳树外形特征的经验。

2.画纸人手一张，棉签人手一个，绿色油画棒若干，绿色颜料每组一盘。

## 三、活动过程

**（一）通过提问的方式，进一步认识柳树的特征**

教师：春风吹过，柳树都变绿了，柳树是什么样子的呢？柳条是什么样子的？柳条上的柳叶又是怎样的？（柳树上有长长的柳条，柳条上有许多绿色的柳叶）

**（二）幼儿探索画柳条的方法**

教师在白色的纸上用绿色油画棒画一条垂柳，请个别幼儿用棉签蘸绿色颜料在柳条上添画柳叶，让幼儿观察柳叶是在柳条两侧向左边和右边生长的。

教师带领幼儿空手练习画柳叶，并用语言提示幼儿：蘸点绿色，左一片，右

一片；蘸点绿色，左一片，右一片……

**（三）幼儿使用油画棒进行操作活动**

提醒幼儿先在柳树的粗枝干上用绿色油画棒添画细细的柳条，再在柳条上用棉签蘸绿颜料添画许多柳叶。在幼儿操作过程中，教师巡回指导，对个别幼儿给予必要的指点和帮助。

**（四）展示幼儿的作品**

（略）

# "手帕"活动设计

## 一、活动目标

1.了解手帕花饰的多样及色彩的丰富，大胆进行装饰。

2.大胆用色，学习装饰手帕，注意色彩的多样性。

3.幼儿对美术活动感兴趣，提高幼儿对色彩搭配的审美。

## 二、活动准备

1.故事《讲卫生的小猫咪》。

2.画有手帕轮廓的纸人手一张，油画棒人手一盒。

## 三、活动过程

**（一）听故事导入活动**

听故事《讲卫生的小猫咪》：小猫咪感冒了，又流鼻涕又打喷嚏，小猫咪讲卫生，赶紧到商店买来花手帕。

提问：花手帕有什么作用？

分析：这不仅是一个美术活动，也是一个培养幼儿良好的卫生习惯和品质的好机会。

**（二）播放PPT，欣赏并讨论**

引导幼儿说出商店里的花手帕都有哪些图案和颜色。（图案有圆形、长条形、蝴蝶形、波浪形……学会说"五颜六色")

分析：孩子们在欣赏的过程中，培养了审美感，多变的图案和艳丽的色彩引发了孩子们对如何制作这样美丽的花手帕的兴趣。

**（三）指导幼儿用多种颜色、多种线条制作手帕作品**

教师：你想制作一个什么花纹的手帕呢？请小朋友自己动手来试一试吧。

**（四）展示作品，师幼共评**

教师：你喜欢哪个手帕？说一说喜欢的原因。

# "鲜花"活动设计

## 一、活动目标

1. 了解制作纸鲜花的基本方法，能设计自己喜欢的花朵造型。
2. 大胆运用剪、贴、卷等技能表现花瓣独特的形态，并用油画棒涂颜色。
3. 体验利用废旧物品制作花朵的乐趣。

## 二、活动准备

1. 教学课件。
2. 纸杯花范例。
3. 不同尺寸的纸杯、双面胶、剪刀、彩笔、油画棒、吸管。

## 三、活动过程

**（一）导入活动，引起幼儿对纸杯花的兴趣**

播放课件。

教师：花园里开满了五颜六色的花朵，有红的、黄的、白的，还有粉的。这些花朵真好看，你们知道这么漂亮的花朵是用什么做的吗？（纸杯）

**（二）通过观看课件，学习制作纸杯花**

引导幼儿观察，发现不同花朵的特征，感受花的色彩和形态的美丽与独特。

教师：这里有许多纸杯花，你们看看有什么地方不一样？（花朵的大小、颜

色，花瓣的形状等）

探索运用剪、贴、卷、涂色等技能表现不同花瓣的形态和色彩。

播放课件，了解制作纸杯花的基本过程。

教师：纸杯怎么样才能变成一朵花呢？

将纸杯剪开做出花朵状，用胶带把花朵固定在吸管上面，最后在吸管上面粘贴叶子。

引导幼儿自由探索，运用剪、贴、卷、涂色等技能表现花瓣。

教师：刚才我们看了许多的纸杯花，发现它们的花瓣都不一样，有的是卷卷的，有的是波浪形的，有的是单层花瓣，有的是多层花瓣，那它们又是怎么做出来的呢？

**（三）交代要求，幼儿创作**

教师：看了那么多纸杯花，我们也来做一朵美丽的纸杯花送给自己吧。

幼儿操作，教师提醒幼儿在操作时注意安全。

**（四）展示作品，欣赏评价**

将幼儿制作的花朵插入花盆。

教师：你最喜欢哪一朵纸杯花？为什么？

# "可爱的自己"活动设计

## 一、活动目标

1.能大胆向同伴介绍自己五官中特别的地方。

2.尝试用绘画、粘贴等方式表现出自己五官的主要特征。

## 二、活动准备

镜子、白纸、油画棒、勾线笔。

## 三、活动过程

### （一）观察、发现自己的"不一样"

幼儿人手一面小镜子，观察自己的五官特征。

教师引导幼儿依序观察他们自己的眉毛、眼睛、鼻子、嘴巴、牙齿等部位。
引导幼儿说一说他们长相中最有特点的地方。

教师：现在请小朋友给大家说一说，自己长得最有特点的地方。

### （二）创作自画像《可爱的自己》

教师：刚才我们欣赏了大师的自画像，也认真地观察了自己，现在将自己画下来吧。

1. 教师介绍材料、工具及作画要求。

2. 幼儿自选材料开始操作，教师巡回指导。

3. 教师引导幼儿创作时突出他们最明显的五官特征。

### （三）幼儿作品展示

1. 幼儿互相交流分享自己的作品。

2. 教师引导幼儿将他们的作品粘贴在展示栏上进行展示。

# "动物排排站"活动设计

## 一、活动目标

1. 观察图片认识不同的小动物，并讲述动物的不同特征。

2. 用油画棒画出动物的轮廓，并涂上自己喜欢的颜色。

3. 愿意参与活动，体验活动的乐趣。

## 二、活动准备

PPT课件，每组一盒油画棒，人手一张白纸。

## 三、活动过程

### （一）出示PPT春天场景图，以动物春游引入课题

教师：春天到了，我们一起来看看春天的美丽景象吧。（引导幼儿说出春天小草绿了、柳树发芽了、冰融化了等景象）

教师：天气真好，今天小动物们要一起去春游，我们一起来看看都有哪些动

物吧。

**（二）出示PPT动物图片，幼儿认识动物宝宝，说出它们的特征**

请小朋友认识参加春游的动物宝宝们，观察每种动物宝宝的外形特征。

教师：小朋友欣赏了美丽的大自然风景，认识了不同的动物宝宝，请你画出自己喜欢的动物吧。

**（三）幼儿自行创作，画出自己喜欢的几种动物**

教师：你喜欢的动物有哪些？请你把它们画出来吧。

教师：画完尝试添加春天的场景，构成一幅动物春游的场景图。

**（四）师幼共同欣赏幼儿作品**

教师：小朋友今天玩得开不开心呀？你们欣赏了美丽的大自然风景，还认识了这么多动物宝宝。

# "烟花" 活动设计

## 一、活动目标

1. 感受烟花的形态，学习画多彩烟花。

2. 感知油画棒和水粉颜料不相溶所带来的特殊绘画效果，对油水分离画感兴趣。

## 二、活动准备

烟花课件、白纸、油画棒、水粉颜料、水油画棒。

## 三、活动过程

### （一）观看烟花课件，感受烟花的多姿多彩

教师：今天，我给大家带来一段录像，（观看课件）你们看到了什么？人们一般会在什么时候放烟花呢？（过年、结婚、搬新家等）总之，我们放烟花都是为了庆祝一些喜庆、高兴的事。

**（二）再次观看烟花课件，尝试用身体动作表现美丽的烟花**

教师：这些好看的烟花都有哪些形状和颜色呢？我们一起再来看一看。（观看课件）看，这朵烟花像什么？是由哪些颜色组成的？（这朵烟花从中间向四周绽放出了一朵美丽的花，真漂亮！）（这朵烟花从地面向上喷出了一个银色的喷泉，真特别！）（这朵烟花从中间向两边开出了一只翩翩起舞的蝴蝶，真神奇！）孩子们，除了这些烟花外，你还看过哪些不同的烟花呢？

**（三）画烟花**

向幼儿介绍油水分离画《彩色的烟花》，让幼儿了解画油水分离画的步骤。教师先用油画棒在纸上示范画出放射状的烟花，再用笔蘸水粉颜料，在有烟花的纸上一笔一笔从左向右涂上色，引导幼儿观察感知油水分离画的效果。

教师交代要求，幼儿作画，教师巡回指导。

**（四）作品展示，共同欣赏**

（略）

# "菊花朵朵开"活动设计

## 一、活动目标

1.认识菊花，了解菊花的外形特征，感受菊花的美。

2.大胆运用剪、贴、涂、画等方式表现菊花的外形特征。

3.提高幼儿的审美能力，让幼儿感受秋天、感受美。

## 二、活动准备

一次性纸杯、油画棒、记号笔、剪刀、铅笔。

## 三、活动过程

**（一）提问引出主题，激发幼儿的兴趣**

教师：你见过菊花吗？它的叶子是什么形状的？花瓣呢？

**（二）教师示范制作菊花，幼儿欣赏**

菊花有各种颜色的，教师可以启发幼儿将一次性纸杯涂成各种各样的颜色。

教师示范如何正确使用剪刀，将一次性纸杯剪成长条形状的菊花花瓣。

教师示范如何正确使用铅笔，将长条形的花瓣一圈一圈卷起。

**（三）幼儿动手操作，制作菊花，教师巡回指导**

（略）

**（四）张贴幼儿作品，大家相互欣赏，互相评价**

（略）

# "房子变变变"活动设计

## 一、活动目标

1. 引导幼儿运用各种点线面的技巧，来设计奇特的房子。
2. 感受创意绘画的乐趣。

## 二、活动准备

录音、课件、油画棒、画纸人手一张。

## 三、活动过程

**（一）通过回忆、讲述，幼儿初步了解房子的不同风格**

教师：你看见过怎样的房子？请你说一说它的造型特征吧。

**（二）观看《奇特的房子》课件**

教师：刚才小朋友说的只是众多房子中最普通的一种，我的好朋友去世界旅游时，拍下了一些奇特有趣的房子，你们想不想看看呢？

观看《奇特的房子》课件。

幼儿欣赏时，教师问：你最喜欢里面的哪座房子？为什么？

小结：在我们的生活中有这么多造型独特的房子，它们的房顶、门、窗的形状各具特色。

**（三）在欣赏各种房子的基础上，发挥自己的想象，设计出心中的房子**

教师：今天有一位神秘的小客人，他想请我们班小朋友帮个忙，我们来听听他需要什么帮助。（教师播放录音）

教师：你们愿意帮助艾克设计未来的房子吗？你们想帮艾克设计什么样的房子？有什么奇特的地方？

**（四）幼儿创作绘画**

请幼儿回到他们的座位上，自由设计独特的房子。

**（五）作品展示**

教师：小朋友设计的房子这么神奇，有……有……还有……真特别！我们一起来欣赏一下谁的设计最漂亮、最独特吧。

# "鸡冠花"活动设计

## 一、活动目标

1. 通过欣赏图片，幼儿初步了解鸡冠花的特征。
2. 尝试用绘画的方式表现鸡冠花的主要特征。
3. 有顺序地观察事物，并养成良好的绘画习惯。

## 二、活动准备

经验准备：幼儿已经欣赏过鸡冠花。

物质准备：油画棒每人一盒，已经画好枝叶的画纸等。

## 三、活动过程

### （一）谈话讨论，观察了解鸡冠花的特征

教师请幼儿仔细观察鸡冠花。

教师：这是什么花？它的花朵像什么？鸡冠花长在什么地方？它的茎是什么样子的？

小结：鸡冠花的花有红色的、紫色的等，花的形状像鸡冠，长在茎的顶端；

茎是长长的、直直的，茎上还长了叶子，叶子是绿色的；鸡冠花有根，根长在泥土里。

**（二）请个别幼儿尝试画鸡冠花，教师总结画鸡冠花的要领**

教师：老师这儿有一张画有鸡冠花叶子的画纸，还有油画棒，哪位小朋友愿意来试一试画出鸡冠花的花朵？

教师总结画鸡冠花的要领：大鸡冠，小鸡冠，描花边。

**（三）幼儿分组操作，教师巡回指导，提醒幼儿各种注意事项**

教师：我们一起来画一画吧，还可以给鸡冠花添上我们喜欢的表情哦。

**（四）展示幼儿作品，幼儿互相欣赏**

（略）

# "美丽的海底世界" 活动设计

## 一、活动目标

1. 尝试用多种色彩画海底世界，体验创造的乐趣。
2. 乐意与同伴交流自己的作品，培养合作意识，提高协商能力。
3. 增进创新意识与环保意识。

## 二、活动准备

物质准备：师幼共同收集的废旧纸片制作的有关海底世界的图片，废旧纸片，油画棒，固体胶，每组一张四开蓝色画纸。

经验准备：幼儿对海洋的动物有一定的了解。

## 三、活动过程

### （一）情境导入，激发兴趣

教师：小朋友，今天老师带你到海底世界去玩，好吗？（师幼听音乐进场）

教师：海底世界漂亮吗？你们看到了什么呀？海底世界的小动物每天都在快乐地做游戏，正当它们玩得高兴的时候，你看，又有谁游来了。

教师：它跟海底世界里的小海龟长得一样吗？它是怎么做出来的？（引导幼儿说出它是用各种废旧材料做出来的）

教师：之前，我们一起剪纸留下来很多没有用的纸片，请小朋友想想看，这些废旧的纸片可以做成海底世界里的什么。

教师：小朋友想得真棒，我们把这些废旧纸片变成一个美丽的海底世界，好吗？

### （二）自由选择，分工合作

提出要求：老师把这些废旧纸片分给你们，请同和你一组的小朋友商量怎么分工，大家一起合作完成作品。

幼儿自由选择，并商讨如何分工合作。

### （三）动手制作作品

幼儿开始制作作品，并用油画棒添加美丽的色彩。教师以参观者的身份介入，并给予适当的引导、启发。

### （四）交流分享

展示各组的作品。每组请一位小朋友上来分享自己小组的作品。

# "快乐的猫咪" 活动设计

## 一、活动目标

1.初步了解猫的外部特征，大胆进行绘画。

2.掌握简单的布局方法，并用对称的方法进行装饰。

3.激发幼儿对猫的兴趣，让幼儿体验绘画乐趣。

## 二、活动准备

关于猫的图片、磁带，水彩笔、油画棒，了解猫的形态及生活习性。

## 三、活动过程

### （一）游戏导入

教师：我们来跳跳小猫的舞蹈，说说你知道的小猫的特征。

### （二）出示猫的图片，引导幼儿观察猫的外部特征

整体感知猫的身体。

教师：谁来说说猫的身体是由哪几部分组成的？

具体感知猫的头部特征。

教师：猫的头部是什么样子的？有什么不一样的地方呢？

具体感知猫的躯干、四肢、尾巴等的特征。

教师：谁来讲讲猫的四肢、尾巴、躯干有什么不一样的地方？

教师启发幼儿认识猫的身体由头、躯干、四肢、尾巴组成。

教师：猫的头部为扁圆形，猫有两只小耳朵，两只圆眼睛，一个小鼻子，一张嘴，嘴的两边长有胡须。猫的瞳孔随光线变化，白天光线强时呈一条线，夜晚呈圆形。猫的身体比较长，皮毛覆盖全身，后边拖着长长的尾巴。猫的四肢长在腹部下面，脚掌上长有肉垫，走路没有声音，猫在平时会把尖尖的爪子藏起来。

### （三）观察作画步骤，引起绘画兴趣

引导幼儿观察课件中的作画步骤：先在纸的一侧画出猫的头部轮廓；然后添画五官，想一想猫在做什么，画出脸上的神情；接着画出猫长长的身体、四肢、尾巴；最后添画细节，可以画出皮毛上的花纹。

### （四）幼儿自由作画

（播放音乐）教师辅导。

### （五）作品评赏

教师：谁想看看其他小朋友画的有趣的猫？你画的猫有哪些特征？

# "好看的衣服"活动设计

## 一、活动目标

1. 充分发挥想象，培养大胆创作的能力。

2. 通过动手操作，提高对美术活动的兴趣及审美能力。

3. 在欣赏表演后，大胆发表自己的见解。

## 二、活动准备

海绵印章（有苹果、小鱼、乌龟等形状）、油画棒、水粉、棉签、皱纹纸条、彩色粘贴纸（三角形、圆形、正方形、长方形）、各种花色布、胶水等各种操作材料，教师设计的服装作品，走秀音乐。

## 三、活动过程

### （一）情境导入，引起孩子兴趣

教师随音乐进行服装表演，幼儿欣赏。

教师提问：老师的衣服和服装店里的一样吗？

教师：这是老师自己设计的衣服！

### （二）出示图片，观察讨论

教师：你知道老师衣服上的图案是怎么设计的吗？（幼儿自由讨论）

教师拿出一个即时贴做成的三角形说：你们知道这叫什么吗？

教师：它叫即时贴，这些三角形、圆形就是老师用即时贴剪成的，粘贴在衣服上就行了。你们还可以想一些新的制作方法来尝试一下。

### （三）幼儿发挥想象，设计创作

教师：你们想不想来设计衣服啊？

教师：现在请你挑选一种材料开始制作。（请幼儿自由选择他们喜欢的材料来设计衣服）

印章组（有苹果、小鱼、乌龟等形状的印章，各种颜色的水粉）

粘贴组（有三角形、圆形、正方形、长方形的彩色粘贴纸）

绘画组（有各种色彩的油画棒）

布艺组（有各种花色布、胶水）

幼儿制作，教师巡视指导。

**（四）作品展示**

教师：今天，每一个小朋友都设计了一件漂亮的衣服，我们把它挂在活动室的墙上，开一个"服装展览会"，请幼儿园的小朋友和爸爸妈妈都来参观好不好？

# "蝴蝶"活动设计

## 一、活动目标

1. 观察蝴蝶特征，学习用线条进行绘画。

2. 借助"小蝴蝶跳舞"自然分割图案，进行想象和添画。

## 二、活动准备

背景图、油画棒、画纸、勾线笔。

## 三、活动过程

**（一）情境导入，激发兴趣**

在音乐伴奏中教师以角色身份带领幼儿进入情境。

教师：孩子们，春天来了，我们一起到花园里去玩玩吧！

教师带领幼儿在花园中飞舞，与花打招呼，闻花香，转个圈等。

**（二）在音乐的伴奏下，教师画出各种不同的线条，引起幼儿作画的兴趣**

教师：这朵花可真漂亮，我想到上面去跳个舞！我从这边飞到那边，又从那边飞过来，转个圈，跳个舞，在花瓣上旋转！这朵花可真香啊，我飞到花蕊上转个圈闻一闻。我累了，到花蕊上休息一会儿吧。

**（三）初步尝试用勾线笔画出蝴蝶跳舞的痕迹**

教师：你们想到花上面跳舞吗？你们想怎么跳舞呢？（幼儿说出想法后，教师带领幼儿用肢体动作表现，为幼儿下面的勾画做准备）

幼儿在音乐声中勾画蝴蝶跳舞的各种线条。教师巡回指导，鼓励幼儿大胆想象，画出不同的线条。

**（四）观察由蝴蝶跳舞的痕迹所组成的各种图案，添画并涂色**

鼓励幼儿大胆想象，并通过同伴间的互动和交流启发幼儿更多的想象，丰富添画的内容并涂色。

**（五）幼儿作品展示**

同伴之间相互欣赏，让孩子们充分感受成功的喜悦。

请孩子们相互说说，他们画的蝴蝶是什么样子的。

# "格子画"活动设计

## 一、活动目标

1.欣赏蒙德里安的代表画作，观察其中的线条和色块，领略格子画的特点。

2.尝试借鉴格子画的形式设计装饰画，体验创作装饰画的乐趣。

## 二、活动准备

1.蒙德里安三幅经典格子画《红黄蓝的构成》《伦敦构成》《构成C》的图片。

2.《创意格子画》课件，创意格子画三幅。

3.油画棒、画纸。

## 三、活动过程

**（一）观察班里幼儿的花格子裙子，导入活动**

教师：今天，老师发现诺诺穿了一件漂亮的新裙子，我们来观察一下裙子图案是什么样的。

教师：花格子裙转啊转，把诺诺打扮得更加漂亮。老师今天带了几幅漂亮的格子画，我们一起欣赏一下，仔细观察它们有什么特点。

**（二）分别欣赏蒙德里安的三幅经典格子画，引导幼儿观察格子画的线条、色彩、形状等典型特征**

出示第一幅画作《红黄蓝的构成》图片，引导幼儿观察其中的线条和色块。

教师：你们看到这幅画上有什么？它们是什么形状的？你还发现画里有什么？

出示第二幅画作《伦敦构成》图片，引导幼儿观察其中的线条。

教师：这幅画和上一幅画有什么不同？这些格子是由什么画成的？

小结：这幅《伦敦构成》以黑色线条为主，点缀了几个彩色格子。

出示第三幅画作《构成C》图片，引导幼儿观察其中的色块。

教师：这幅画与前面的两幅相比，有什么不一样？

小结：这些有颜色的正方形、长方形都叫"色块"，这幅作品色块突出，而线条却不是很明显。

**（三）幼儿尝试借鉴格子画的形式设计装饰画，体验创作装饰画的乐趣**

请幼儿回座位自由画出轮廓图，并用格子画的形式装饰。

**（四）作品展示、欣赏**

利用"格子墙"展示幼儿作品，引导幼儿欣赏。

请个别幼儿对同伴的作品进行评价。

# "疯狂的树"活动设计

## 一、活动目标

1.大胆想象树的造型，尝试用油画棒绘画来表现树的造型。

2.欣赏"大森林"的意境美，感受创作带来的乐趣。

## 二、活动准备

经验准备：利用散步时间带领幼儿欣赏、观察幼儿园周边的树。

材料准备：作品《疯狂的树》，油画棒，画纸。

## 三、活动过程

### （一）谈话讨论，观察"小小森林"

教师：说一说你收集到的大树图片是什么样的。（可从形状、颜色、结构等方面进行描述）

小结：每一棵树都长得不一样，有的高，有的矮，有的像一把大伞，有的像一座塔。

### （二）欣赏各种各样的树的作品，激发幼儿创作兴趣

出示几幅幼儿创作的作品，请幼儿说一说喜欢哪一棵树，为什么。

### （三）幼儿大胆创作表现树，教师观察指导

鼓励幼儿自由选择，大胆创作，教师根据幼儿的创作表现进行个别指导。

### （四）展示与欣赏

展示幼儿的画作，结合幼儿之前收集的树的图片，师幼共同构筑"大森林"场景。

播放轻音乐《森林狂想曲》，引导幼儿欣赏"大森林"的意境美，感受创作带来的乐趣。

# "七星瓢虫"活动设计

## 一、活动目标

1. 了解七星瓢虫的特点，尝试按一定的顺序画不同动态的七星瓢虫，并会涂上恰当的颜色。

2. 激发对动物及大自然的热爱，培养尊重自然、爱护昆虫的思想感情。

## 二、活动准备

七星瓢虫背景图、绘画纸、油画棒。

### 三、活动过程

**（一）欣赏与讨论**

看背景图，让幼儿数一数背景图中的瓢虫身上有几个圆点，几个大的，几个小的，并说一说它们都长在哪里。

教师：七星瓢虫身上有几种颜色？都是什么颜色？

**（二）观察图片，巩固七星瓢虫身体结构的知识**

教师：七星瓢虫的身体由大圆和半圆组成，头部是半圆，身体是大圆；七星瓢虫有两个触角；七星瓢虫的背部是对称的，有七个分布不均的小圆点。

**（三）幼儿创作，教师指导**

教师：注意认真辨别位置，腿的方向要向后；身体两边各三条腿，头部和尾部的位置没有腿；注意圆点的数量和对称。

教师引导幼儿注意瓢虫的大小、位置及画面布局安排。

用黑色油画棒画好轮廓，再进行涂色；选用各种红色，并注意画面的深浅搭配；最后用绿色涂画叶子。

**（四）展示交流**

教师：说一说你画的瓢虫有什么特点，你最喜欢谁画的瓢虫，为什么。

# "美羊羊的漂亮衣服" 活动设计

## 一、活动目标

1. 充分发挥幼儿的想象力，让幼儿用油画棒给美羊羊设计一套漂亮衣服。
2. 鼓励幼儿大胆创作，培养幼儿的创作能力。

## 二、活动准备

画有美羊羊轮廓的画纸、油画棒。

### 三、活动过程

**（一）谈话导入，激发兴趣**

教师：小朋友，你们猜一猜老师今天遇到了谁？美羊羊说羊村要举行化装舞会，它还没有合适的衣服，所以它想请我们班的小朋友帮它设计一件漂亮的衣服。小朋友想不想帮助美羊羊呢？

**（二）探索如何给美羊羊设计出漂亮衣服**

教师：请小朋友相互讨论一下，你想设计什么样的衣服。

教师总结：不同颜色的线条、不同颜色的小圆点、不同裙子的造型、不同花纹……

**（三）幼儿自由创作，教师巡回指导**

教师提醒幼儿注意画面的布局，以及衣服的装饰图案。

**（四）欣赏作品**

教师：让我们把作品放在展览台上，比一比，评一评。

把幼儿作品展示在展览台上，大家互相交流。

**（五）总结**

教师：美羊羊要是看到小朋友帮它设计了这么多漂亮的小花衣服，一定会非常高兴的，快让我们把这些小花衣服邮寄给美羊羊吧！

# "彩色的鱼"活动设计

## 一、活动目标

1.通过欣赏故事，充分发挥想象，幼儿设计自己心中的小鱼。
2.激发幼儿参与绘画活动的兴趣，发展幼儿的想象力。

## 二、活动准备

1.知识经验准备：已初步欣赏过音乐《水族馆》。
2.物质准备：油画棒、画纸、音乐《水族馆》。

## 三、活动过程

### （一）创设故事情境，幼儿观察了解小鱼

欣赏音乐《水族馆》。

教师：小朋友听，谁来了？

创设情境：在一个碧水荡漾的池塘里，柔软的水草在水底摇摆，一群快乐的小鱼游来了。小鱼今天穿的衣服可真漂亮，我们来看看它们的新衣服是什么样的。

观察范例，巩固复习对线条和图形的认识。

教师：小鱼今天穿那么漂亮的衣服想去干什么呢？原来小鱼要去参加一场快乐的聚会。可是还有很多小鱼都没有自己的新衣服，让我们来帮帮小鱼。

### （二）教师讲解作画要求，幼儿学习装饰小鱼

教师提醒幼儿注意画面布局，色彩搭配。

幼儿作画，教师指导。

### （三）展示幼儿作品，分享交流

将幼儿作品展示在背景图上，评价作品。

教师：我们一起来找一找，哪条小鱼的衣服最漂亮！（重点鼓励能自由想象、独立创作的幼儿）

# "水果城堡"活动设计

## 一、活动目标

1. 初步了解城堡特征，能用不同的线条、图案，大胆运用色彩装饰城堡的围墙。

2. 发挥想象力，能巧妙地利用水果装饰门窗、屋顶等。

3. 培养发散性思维及良好的绘画习惯。

## 二、活动准备

1. 课前幼儿了解了有关城堡的知识。
2. 城堡图片、记号笔、油画棒、绘画纸等。

## 三、活动过程

### （一）以故事《哈尔的移动城堡》引起兴趣

18岁的苏菲和继母以及妹妹居住在一个小镇中。自从父亲死后，继母凡妮就把女儿们安排到原本由她们父亲经营的制帽小店营生，苏菲的妹妹对经营店铺并不感兴趣，很快就离开了，苏菲却坚持留了下来，因为她知道制帽小店是父亲的最爱……

### （二）讨论交流，了解城堡的特征

引导幼儿根据自己的经验说出城堡的样子。

出示城堡图片，引导幼儿观察，了解城堡的结构、形状、特征等。

### （三）激发幼儿的创作欲望

教师：你想设计怎样的城堡？它的门、窗、屋顶、围墙有什么特别之处？（引导幼儿发散思维）

### （四）幼儿按要求作画，教师巡回指导

幼儿能巧妙地利用水果来设计城堡，用不同的线条、图案装饰城堡。

教师鼓励幼儿大胆想象，认真作画，重点指导能力较弱的幼儿。

### （五）欣赏与评价

互相欣赏，自由介绍自己的作品。

教师重点评价几个有代表性的作品。

# "大公鸡"活动设计

## 一、活动目标

1. 要求幼儿能按儿歌的内容作画，培养幼儿的记忆力和想象力；要求作品突

出主题，注意色彩的深浅搭配。

2.培养幼儿的观察、操作、表达能力，提高幼儿的审美情趣及创新意识。

3.幼儿大胆尝试绘画，并用对称的方法进行装饰。

## 二、活动准备

1.幼儿已学会画公鸡。

2.用挂历纸做的公鸡帽一顶，范画一张，幼儿用纸、油画棒若干。

## 三、活动过程

### （一）情境导入，引出课题

教师头戴公鸡帽，学做公鸡抬头挺胸走路状，并念儿歌：大公鸡，真美丽，大红鸡冠头上戴，尾巴毛，往上甩，胖胖的两腿长长的脚，挺起胸膛慢步跨，尖尖的嘴巴喔喔啼，每天叫人早早起。

教师念两遍儿歌，请幼儿说出儿歌名称及内容。

教师以故事的形式具体地描绘大公鸡出来活动的时间、地点、环境，具体做了什么，等等。

### （二）欣赏各种姿态的大公鸡形象，发现变化规律

出示各种姿态的公鸡图片。

教师：你喜欢哪一只大公鸡？它是什么样的？它在干什么？做了什么样的动作？请用动作模仿。

教师：观察一下大公鸡动态的变化主要与哪一部分有关。

演示身体和头部的位置变化，让幼儿了解动态的表现方法。

### （三）幼儿作画，教师指导

请幼儿把儿歌中的情景及大公鸡"喔喔啼"的姿势画出来，并添画有关的内容。

强调画面要突出主题——公鸡；注意画好鸡冠与尾巴。

教师启发幼儿记忆儿歌内容，具体指点画面的安排。

### （四）作品分享

请幼儿把他们自己的作品内容讲给大家听。

# "小蜗牛" 活动设计

## 一、活动目标

1.认识蜗牛，了解蜗牛的一些习性特点。

2.在观察的基础上，大胆绘画蜗牛，提高动手能力，进一步培养审美情趣。

3.能围绕所观察到的现象大胆地与同伴交流。

## 二、活动准备

春天主题的大背景图一张、水彩笔、油画棒、画纸。

## 三、活动过程

### （一）故事导入，引起兴趣

春天来了，红红的太阳照着大地，温暖的春风轻轻地吹着，小燕子自由自在地飞着，地上的小草变绿了，五颜六色的花都开了。睡了一冬的小蜗牛也想出来欣赏春天的美丽景色，它先从自己的房子里伸出圆圆的小脑袋，东瞧瞧西看看，然后慢悠悠地爬出来。它坐在那儿一边呼吸新鲜空气，一边欣赏春天美丽的景色。小蜗牛觉得太孤单了，它想：要是能跟我的好朋友在一起，那该多好啊！我的好朋友在哪呢？小朋友，你们愿意帮我找到我的好朋友吗？

### （二）了解蜗牛的外形特征

教师：我们一起来看看小蜗牛长什么样。

教师：它身上背着重重的房子，有着圆圆的头、一对短触角、一对长触角、一张小嘴，还有弯弯的身体。

提问：小蜗牛的眼睛长在哪里？身体是什么样子的？像什么？

### （三）幼儿在大背景图上绘画，教师巡回指导

教师：小蜗牛都等急了，咱们快来用画笔把它的朋友画出来，这样它们就能高高兴兴地在一起玩了。

（四）以游戏结束活动

教师：小蜗牛看见这么多的好朋友，心里特别高兴。咱们和小蜗牛一起玩一个"找朋友"的游戏。

# "漂亮的鞋子"活动设计

## 一、活动目标

1. 感受、欣赏鞋子色彩、图案的美，发现鞋子的装饰方法。
2. 尝试设计各种图案来进行装饰。
3. 发展动手能力，充分体验用油画棒创作的快乐和喜悦。

## 二、活动准备

1. 同幼儿一起收集各种图案新颖、色彩鲜艳的鞋子，布置成一个"鞋铺"。
2. 为幼儿准备油画棒、记号笔和不同底色的球鞋。
3. 背景音乐《大鞋和小鞋》。

## 三、活动过程

**（一）感受和欣赏鞋子的美，激发创作欲望**

创设情境：鞋铺开张。

教师：你认为哪双鞋子最美？为什么？

引导幼儿感受、欣赏和观察，让幼儿自己发现装饰鞋子的方法。

教师小结：小朋友观察得真仔细，在鞋面上可以用线条、图案、色块来装饰，可以运用对称的方法。

**（二）装饰鞋子，大胆表现**

播放歌曲《大鞋和小鞋》，幼儿进入创作活动。

教师巡回指导，支持、鼓励有创造力的幼儿，对能力弱的幼儿给予一定的帮助指导。

（三）相互评价，提高审美能力

教师：你觉得同伴设计的鞋美在哪里？一起来评价同伴的作品。

# "下雪了"活动设计

## 一、活动目标

1. 通过观察、联想平时的生活，能自主创作雪景图。
2. 在创作过程中，感受雪花的美丽形态，对雪产生独到的审美见解。

## 二、活动准备

物质准备：课件、黑色画纸、油画棒。

经验准备：幼儿观察过雪花。

## 三、活动过程

### （一）出示图片，谈话导入

教师：小朋友们，你们看了这幅画想到了什么？

教师：在这漆黑的夜晚，会发生些什么事呢？让我们看一下吧！（教师点击PPT，许许多多白点摇曳而下）

教师：小朋友们，你们觉得这些白点点是什么呢？

教师：对了，就是一片片的小雪花。今天我们来一起创作一幅美丽的雪景图，好不好？

### （二）围绕场景讨论，交流意见

幼儿自由讲述雪花是什么样的。（教师引导幼儿说出雪花的颜色、形状等）

教师：小朋友们，你们见过雪花吗？观察过雪花吗？你们见到的雪花是什么样子的？

### （三）出示各种雪花图，让幼儿观察雪花特征

教师：刚刚小朋友们说了许许多多的雪花特征，老师也带来了许多雪花的图片，我们来看看吧！它们形状一样吗？有没有共同点呢？

小结：雪花形状不一样，有的上面是尖尖角，有的上面是小圆点。

教师：雪越下越大，沙沙沙沙，把什么变白了呢？除了把房子变白外，还会把什么变白呢？

**（四）幼儿操作，教师巡回指导**

教师：老师给你们准备了黑色画纸和油画棒，请你们画出美丽的雪景吧。

**（五）欣赏幼儿作品**

教师：你喜欢哪幅图？为什么？

# "快乐的冬天"活动设计

## 一、活动目标

1. 初步尝试用油画棒画出冬天里的雪景。
2. 感受冬天的美丽，萌发对冬天的喜爱。

## 二、活动准备

黑色卡纸、各色油画棒、故事PPT《冬姑娘的礼物》、范画、抹布。

## 三、活动过程

**（一）欣赏故事《冬姑娘的礼物》，萌发对冬天的喜爱**

教师：小朋友们，你收到过礼物吗？是什么礼物？谁送给你的？（幼儿自由讨论）

教师：我们都收到过别人送的各种各样的礼物。今天，还有一位朋友——冬姑娘，也带来了她的礼物，我们一起来看看是什么礼物。

**（二）欣赏课件《冬姑娘的礼物》**

教师：小朋友，冬姑娘的礼物是什么？冬姑娘把礼物送给了谁？（幼儿根据故事内容回答）

小结：冬姑娘把礼物送给了大地妈妈、小麦、大树、屋顶，还有小朋友……最后变成了一幅美丽的雪景。

**（三）出示作画的材料，引起幼儿兴趣，教师示范**

教师：我们怎样把冬天美丽的景色永远留住呢？

出示油画棒和黑色卡纸。

**（四）师幼共同回忆故事内容，教师进行示范**

教师：冬天来了，冬姑娘带着她的礼物——洁白的雪花在空中飘呀飘呀，她先把洁白的雪花送给了谁？

教师：大地妈妈把冬姑娘送给她的礼物分给了谁？你们会把洁白的雪花变成什么？（请一个小朋友来试一下画上雪人）

教师：冬姑娘带着她的礼物在空中飘呀飘呀，（边说边在空中画雪花）还把雪花送给了谁？（大树）

教师：谁能帮助我把屋顶上的雪画出来？

在幼儿示范的时候，教师引导幼儿，说出不同形状的屋顶，三角形的、梯形的、半圆形的……

**（五）幼儿创作冬天的雪景，教师指导**

教师交代要求：我们画的时候要注意别弄脏了衣服，画出自己想留住的冬天的雪景，要和别人画得不一样，画好后擦干净小手。

**（六）作品欣赏**

指导幼儿互相欣赏作品

教师：说说你画的雪景有哪些内容。

# "新年心愿"活动设计

## 一、活动目标

1. 知道元旦是新的一年的开始，愿意和他人分享自己的新年愿望。

2. 学习制作心愿卡并用简单的语言表述心愿，感受新的一年到来时的喜悦心情。

## 二、活动准备

油画棒、心形纸、音乐《新年快乐》。

## 三、活动过程

### （一）谈话导入，引起兴趣

教师：小朋友，你们知道今天是几月几日吗？你们知道1月1日是什么日子吗？

小结：1月1日是一年的开始，是一年的第一天，这一天也是元旦节。

### （二）引导幼儿讲述他们的愿望

教师：新年到了，你们觉得这几个小朋友在干什么呢？（出示图片，请幼儿自由猜一猜）

教师：他们在讲述自己的新年愿望呢。小朋友，你们在新的一年有什么心愿呢？

请幼儿讨论交流，并大胆说出各自的新年愿望。

小结：新的一年刚开始，大家都会对未来的这一年有很多的期盼，有许多的愿望或是计划。像刚才小朋友说的一样，有了愿望或计划就要努力去实现它哦！

### （三）把愿望画出来

教师：相信每个小朋友都有自己的新年愿望，刚才很多小朋友也讲述了自己的新年愿望，如果用图画表示出来，该怎么画呢？（请幼儿进行思考，并请部分幼儿简单讲述他们对绘画的构思）

教师：老师为每个小朋友都准备了一个大大的心形纸，请你们把自己的新年愿望画在这个大心形中吧！

### （四）幼儿作画，教师指导

提醒幼儿注意画面布局，色彩搭配。

### （五）展示作品

教师：请画好的小朋友找一个好朋友讲述自己的心愿。

小结：这些都是小朋友的美好心愿，希望你们通过努力，都能够实现愿望。